智能会计原理与实践

张改清　著

中国商业出版社

图书在版编目(CIP)数据

智能会计原理与实践 / 张改清著. -- 北京 : 中国商业出版社，2024. 11. -- ISBN 978-7-5208-3229-8

Ⅰ. F232

中国国家版本馆 CIP 数据核字第 2024T3T065 号

责任编辑：朱丽丽

中国商业出版社出版发行

（www.zgsycb.com　100053　北京广安门内报国寺 1 号）

总编室：010－63180647　编辑室：010－63033100

发行部：010－83120835/8286

新华书店经销

北京虎彩文化传播有限公司印刷

*

787 毫米×1092 毫米　16 开　8.25 印张　145 千字

2024 年 11 月第 1 版　2024 年 11 月第 1 次印刷

定价：45.00 元

* * * *

（如有印装质量问题可更换）

前　言

在21世纪的数字化浪潮中，各行各业正经历着前所未有的变革，会计领域也不例外。随着大数据、云计算、人工智能（AI）、区块链等前沿技术的飞速发展，智能会计作为一种新兴的管理模式，正逐步从理论构想走向实践应用，深刻改变着传统会计行业的面貌，开启了会计工作的智能化新时代。

本书从智能会计的基本概念出发，阐述了智能会计系统的设计与实现，探讨了智能会计在财务管理中的应用实践，对智能会计在财务分析中的应用实践进行了分析，并对智能会计驱动的业务转型与发展展开了探索。希望通过本书的介绍，能够为读者在智能会计原理与实践方面提供帮助。

在撰写本书的过程中，得到了许多专家、学者的帮助和指导，并参考了大量的相关学术文献，在此一并表示真诚的感谢！

本书内容系统全面，论述条理清晰、深入浅出，力求论述翔实，但由于笔者水平有限，书中难免会有疏漏之处，敬请广大读者批评指正。

张改清

2024年9月

目　录

第一章　智能会计的基本概念

第一节　智能会计的定义

一、智能会计的内涵

智能会计是指基于人工智能（AI）、大数据、云计算等现代信息技术，通过智能算法和数据分析，实现会计业务流程的自动化、智能化和精准化的一种新型会计模式。智能会计不仅能够提高会计人员的工作效率，降低人工操作失误率，还能为企业的财务管理和决策提供及时、全面、可靠的数据支持。

智能会计是传统会计向现代会计转型升级的关键路径。它立足于传统会计的基本理论和方法，吸收了现代信息技术的最新成果，形成了一种全新的会计模式。在智能会计模式下，会计不再局限于简单的记账、算账和报账，而是通过数据挖掘和分析，揭示企业经营管理的内在规律，预测未来的发展趋势，为企业的战略决策提供智力支持。

具体来说，智能会计主要包括以下几个方面的内容。

第一，智能记账，即利用 OCR（光学字符识别）、NLP（自然语言处理）等技术自动识别和录入会计凭证，实现会计核算流程的自动化。

第二，智能分析，即运用数据挖掘、机器学习等技术，对企业财务数据进行多维度、全方位的分析，以便及时发现潜在的风险和机遇。

第三，智能预测，即基于历史数据和行业趋势，构建财务预测模型，准确预估企业未来的收入、成本、利润等关键指标。

第四，智能决策，即通过智能算法和专家系统，为企业的投融资、预算管理、绩效考核等重大决策提供优化方案和建议。

二、智能会计的特征

（一）高效性

智能会计在提高会计人员的工作效率方面具有显著优势。传统的会计流程往往需要会计人员投入大量的时间和精力，从原始凭证的收集整理到会计分录的录入，再到财务报表的编制，每一个环节都需要会计人员手工操作，不仅耗时耗力，而且容易出错。智能会计的应用，能够极大地简化和优化这一过程。例如，智能票据识别技术可以自动识别和提取发票、收据等原始凭证上的关键信息，并直接生成会计分录，从而大幅减少会计人员手工录入的工作量。又如，智能核算技术可以根据预设的会计准则和核算规则，自动进行账务处理和财务报表编制，确保了会计核算的准确性和及时性。

智能会计不仅能够提高常规会计业务的处理效率，在一些专业性较强的会计工作中也能发挥重要作用。以成本核算为例，传统的成本核算方法往往需要会计人员手工收集和整理生产数据，进而编制复杂的成本计算表，这不仅工作量大，而且对会计人员的专业能力要求较高。而智能成本核算系统可以自动采集和处理生产数据，并根据预设的成本核算模型进行计算和分析，生成直观、准确的成本报告，极大地提高了成本核算的效率和精度。类似地，在税务筹划、财务分析等领域，智能会计技术也能够快速处理海量数据，为企业提供优化的决策方案，为财务管理赋能增效。

智能会计的应用，还能够有效解放会计人员的时间和精力，使其从烦琐的事务性工作中解脱出来，将更多精力投入高附加值的管理会计工作中。基于大数据、云计算等技术，智能财务分析平台可以从海量财务数据中快速挖掘出有价值的信息，并以可视化的方式呈现，为会计人员提供了全面、及时、准确的决策支持。会计人员可以利用这些信息，深入分析企业的财务状况和经营绩效，识别潜在的风险和机会，为企业的战略规划和业务优化提供专业意见。这不仅提升了会计工作的价值和地位，也为企业的可持续发展提供了有力保障。

（二）准确性

智能会计的准确性是其独特优势之一，这体现在数据采集、处理和分析的全过程。传统的会计工作往往依赖人工录入和计算，难免会出现误差和遗漏。而智能会计系统通过先进的信息技术手段，实现了数据的自动采集和处理，大大降低了错误率。例如，智能会计系统可以与企业的业务系统无缝对接，自动提取销售、采购、库存等各类业务数据，确保数据的完整性和一致性。同时，系统还能够应用 OCR、NLP 等人工智能技术，自动识别和提取发票、合同等非结构化数据中的关键信息，减少人工录入环节，提高数据准确性。

在数据处理和分析方面，智能会计系统综合运用了大数据、云计算、机器学习等前沿技术，能够快速、准确地完成海量数据的清洗、整合和计算。传统的会计核算通常采用抽样复核的方式，难以全面发现错误和异常，而智能会计系统可以实现全量数据的自动核对和校验，利用智能算法和规则引擎，实时监测和识别可疑交易，有效降低财务风险。例如，系统可以通过对比分析历史数据和行业基准，及时发现异常的收入确认或成本列支，防范财务舞弊行为。

此外，智能会计还能提供精准、专业的财务分析和预测。传统的财务分析往往依赖会计人员的经验和判断，受人为因素影响较大。而智能会计系统可以充分挖掘财务和业务数据的内在联系，应用数据挖掘、机器学习等技术，自动生成多维度的财务报表和分析图表，揭示企业经营存在的深层次问题。基于海量数据积累和机器学习算法，智能会计系统还能够对企业的现金流、盈利能力等关键指标进行智能预测，为企业的财务决策提供科学、准确的依据。例如，系统可以通过分析应收账款的回收情况和客户信用等级，预测企业未来的现金流缺口，帮助企业及时采取应对措施。

（三）适应性

智能会计的适应性体现在以下几个方面。

第一，智能会计能够根据企业的业务特点和管理需求，灵活调整会计核算和财务管理的流程与方法。传统的会计模式往往以标准化、规范化为原则，难以满足不同企业的个性化需求。而智能会计可以利用大数据分析、机器学习等技术，深入挖掘企业财务数据背后的规律和特征，从而设计出更加切合企业实际的会计核算和财务管理方案。这种适应性不仅提高了会计工作的针对性和实效性，也为企业的精细化管理和科学决策提供了有力支撑。

第二，智能会计能够适应复杂多变的经济环境和政策法规。在当今瞬息万变的市场环境下，企业面临着诸多不确定性因素，如宏观经济形势、行业政策调整、税收制度改革等。传统的会计模式难以快速响应这些变化，容易出现信息滞后、决策失误等问题。智能会计则可以通过实时监测和分析海量的内外部数据，及时捕捉环境和政策的变化信号，并据此动态调整会计核算和财务管理方案。这种适应性使企业能够更加灵活地应对各种挑战和风险，提高经营管理的稳健性和可持续性。

第三，智能会计能够适应企业的发展阶段和规模变化。企业在不同的发展阶段和规模下，其财务管理的重点和难点是不同的。例如，初创期企业可能更关注现金流管理和融资策略，成熟期企业可能更注重成本控制和投资决策。传统的会计模式往往采用“一刀切”的方式，无法有效匹配企业发展的动态需求。而智能会计可以根据企业的发展阶段和规模特征，智能推荐最优的会计核算和财务管理方案，并随着企业的发展而不断优化。这种适应性使企业的财务管理能够与其发展保持同步，为其成长壮大提供坚实的支撑。

三、智能会计的功能

（一）自动记账

自动记账是智能会计的一项核心功能，它利用人工智能算法和大数据分析技术，实现了会计核算过程的自动化和智能化。传统的会计记账工作需要会计人员手工录入每一笔经济业务的相关信息，如交易日期、金额、科目等，这一过程不仅耗时耗力，而且容易出错。而自动记账系统可以通过与企业的业务系统对接，自动获取原始单据数据，并根据预设的会计准则和企业会计政策，自动生成会计分录，完成记账过程。

自动记账的实现离不开先进的人工智能技术。通过对海量的历史记账数据进行深度学习和模式识别，自动记账系统可以自动理解和处理各类经济业务，并能够不断优化记账规则和算法。例如，系统可以通过分析发票上的文字、数字等信息，自动识别发票的类型、金额、对方信息等，并根据企业的费用管理制度，自动计入相应的会计科目。又如，系统可以通过机器学习算法，自动检测和处理那些不符合常规模式的异常记账，大大提高了记账的准确性和可靠性。

自动记账不仅提高了会计核算的效率和准确性，也极大地拓展了会计工作的广度和深度。传统的会计工作主要局限于事后核算，对企业的经营管理决策支持有限。而自动记账系统可以实时处理海量的财务数据，并与企业的预算管理、风险控制等系统联动，为管理层提供更加全面、及时、准确的财务分析和决策支持。例如，系统可以根据销售数据和存货数据，自动计算和预警存货周转率、现金流等关键指标，帮助企业优化资金调度和库存管理。又如，系统可以利用大数据技术，对企业的财务状况进行多维度、多角度的分析和预测，为企业的投融资决策、战略规划等提供有力支撑。

（二）智能报表

智能报表作为智能会计的重要组成部分，在企业财务管理中发挥着关键的作用。随着大数据、人工智能等现代信息技术的快速发展，传统的静态报表已难以满足企业管理决策的需求。智能报表通过整合企业内外部数据，运用机器学习算法对数据进行挖掘和分析，为管理者提供更加全面、准确、及时的财务信息，成为企业财务转型和升级的重要抓手。

1. 智能报表的功能

从功能层面来看，智能报表极大地拓展了财务报表的内涵和外延。一方面，智能报表打破了传统报表的时间和空间限制，实现了报表的实时生成和动态更新。管理者可以根据需要随时调取相关财务数据，掌握企业经营状况的最新动态；另一方面，智能报表还集成了丰富的数据可视化功能，以图表、仪表盘等形式直观呈现财务信息，便于管理者快速理解和决策。此外，智能报表还能够进行数据钻取、多维分析，帮助管理者深入剖析财务数据背后的原因和规律，发掘潜在的经营风险和商业机会。

2. 智能报表的应用

从应用层面来看，智能报表为企业的预算管理、成本控制、绩效评估等提供了有力支撑。在预算管理方面，智能报表可以根据历史数据和外部环境变化，结合机器学习算法，自动生成科学、合理的预算方案，并实时监控预算执行情况，及时预警预算偏差。在成本控制方面，智能报表能够对成本数据进行多维度、全方位的分析，识别成本异常点，优化资源配置，提高成本管理水平。在绩效评估方面，智能报表通过设定关键绩效指标，持续跟踪和评估部门和个人的业绩，为企业的薪酬激励和人才管理提供决策依据。

（三）风险预警

智能会计系统能够提供强大的风险预警功能，帮助企业及时发现潜在的财务风险。在传统的会计工作模式下，风险预警主要取决于会计人员的经验和判断，存在主观性强、滞后性高等缺陷。而智能会计系统能够通过海量数据分析和机器学习算法，精准识别各类风险信号，为企业的风险管理提供科学、高效的决策支持。

首先，智能会计系统能够实时监控企业的财务数据，并与历史数据、行业基准等进行比对分析，及时发现异常波动和违规操作。例如，智能会计系统可以通过对应收账款的账龄进行分析，识别出坏账风险；通过对存货的周转率进行分析，识别出积压风险；通过对现金流量的趋势进行分析，识别出资金链断裂风险。一旦发现风险信号，智能会计系统会自动向管理层发出预警，提示其采取相应的应对措施。

其次，智能会计系统能够运用大数据技术，从海量的内、外部数据中挖掘出风险因素，实现风险的早期预警。例如，智能会计系统可以分析企业的上下游客户、供应商的财务状况，评估其违约风险；分析行业政策、市场环境的变化趋势，评估其对企业经营的影响；分析企业内部的组织架构、业务流程，评估其存在的管理漏洞和风险点。通过多维度、全方位的数据挖掘，智能会计系统能够为企业构建一张立体化的风险防控网。

再次，智能会计系统能够利用机器学习算法，持续优化风险预警模型，提高预警的准确性和及时性。传统的风险预警模型通常采用静态的指标体系和阈值设定，难以适应瞬息万变的市场环境。而智能会计系统能够根据企业的实际情况，动态调整预警指标和权重，并不断学习和进化。同时，智能会计系统还能够通过自然语言处理技术，分析财务报告、新闻舆情等非结构化数据，捕捉潜在的风险信号，实现风险预警的“柔性化”和“人性化”。

最后，智能会计系统能够与企业的内部控制、风险管理等系统实现无缝对接，形成闭环管理。当系统识别出某项风险时，不仅会向管理层发出预警，还会自动触发相应的控制措施，如冻结相关账户、暂停相关业务等，将风险扼杀在萌芽状态。同时，智能会计系统还能够持续跟踪风险的处置情况，评估控制措施的有效性，形成风险管理的良性循环。

四、智能会计的价值

（一）提高效率

1. 工作流程的自动化

传统的手工记账方式往往耗时耗力、容易出错，而智能会计系统可以自动完成数据采集、分类、记账等一系列流程，大大节省了会计人员的时间和精力。通过智能算法和大数据分析，智能会计系统能够快速生成各种财务报表，为企业管理层提供及时、准确的决策支持。这种高效的信息处理和分析能力，使财务人员从烦琐的事务性工作中解放出来，将更多精力投入财务管理和战略规划等高价值领域。

2．对异常情况的智能预警

传统的财务风险管理主要依靠事后审计和人工排查，往往存在滞后性问题，难以及时发现和控制风险。而智能会计系统可以实时监测企业的财务数据，通过设定预警规则和阈值，在异常情况发生时自动预警，使财务人员能够在第一时间介入处理。这种“预防为主，防患未然”的风险管控机制，极大地提高了企业财务管理的效率和效果。

3．流程优化和资源整合

财务数据是评估企业运营状况的重要依据，但在传统的管理模式下，财务部门与业务部门往往各自为政，信息沟通不畅。然而，智能会计打破了部门壁垒，实现了数据在各业务系统间的无缝对接和共享，使得业财融合成为可能。管理者可以实时掌握销售、采购、生产等环节的运行数据，并结合财务数据进行全局分析和决策，从而最大限度地发挥资源效用，提升组织效能。

（二）降低成本

1．智能会计的应用能够有效降低企业的财务成本

传统的会计流程涉及大量烦琐的手工操作，如凭证录入、账簿记录、报表编制等，不仅耗费大量人力和物力，而且难以避免差错。而智能会计系统利用人工智能、大数据等前沿技术，能够自动完成这些重复性工作，极大地提高了会计核算效率，减小了人为误差。这意味着企业可以利用更少的人力资源，完成更高质量的会计工作，从而节约大量的人工成本。

2．智能会计能优化资金管理，降低财务风险

在传统的财务管理模式下，资金调配和使用往往滞后于业务活动，难以实现实时监控和动态优化。而智能会计系统可以与企业的业务系统无缝对接，及时捕捉和分析海量财务数据，准确预测资金需求，合理配置资金资源。同时，智能会计系统还能智能识别异常交易，及时发现潜在的财务风险，如资金占用、舞弊等。通过这些功能的实现，智能会计不仅能提高企业的资金使用效率，降低资金成本，更能从源头上防范财务风险，为企业的健康运营保驾护航。

3. 智能会计能够赋能财务决策，创造更大价值

在数字经济时代，财务已经不再是单纯的成本中心，而是企业价值创造的重要引擎。智能会计通过对财务数据进行深度挖掘和分析，能够为企业的战略制定、投资决策、风险管控等提供有力支撑。例如，智能会计系统可以实时监测关键财务指标的变化趋势，及时预警经营风险；可以多维度分析财务数据，揭示业务运营中的问题和改进空间；可以模拟不同的决策方案，评估其财务可行性和收益水平。通过这些分析，财务部门能够更好地参与企业的经营管理，为企业创造更大的价值。

第二节　智能会计的技术基础

一、智能会计的人工智能技术基础

（一）机器学习技术在智能会计中的应用

机器学习作为人工智能核心技术之一，在智能会计领域发挥着日益重要的作用。传统的会计工作往往依赖人工处理，存在效率低下、错误率高等问题。而机器学习技术能够通过对海量数据的学习和训练，自动识别、分类和预测财务数据，大大提高了会计信息处理的智能化水平。

1. 财务报表分析

在财务报表分析方面，机器学习技术可以快速、准确地识别报表中的关键信息，如营业收入、净利润等，并自动生成财务指标和趋势图表，为管理层决策提供直观、可靠的数据支持。机器学习技术还能够通过对历史财务数据的深度挖掘，发现隐藏的模式和关联，预测企业未来的财务状况和经营风险，为企业进行风险管控提供有力工具。

2. 会计凭证的智能识别与录入

在会计凭证的智能识别与录入环节，机器学习技术通过对发票、收据等原始凭证的图像进行分析和识别，自动提取关键信息并匹配至相应的会计科目，

可以大幅减少人工录入的工作量和降低差错率。基于自然语言处理技术，机器学习技术可以理解和处理非结构化的财务文本信息，如合同、报告等，进一步拓展了会计数据的来源和维度。

3. 审计

在审计领域，机器学习技术为智能化、持续性审计提供了新的可能。传统的审计工作通常采用抽样方法，存在覆盖面有限、时效性差等局限。而基于机器学习技术的智能审计系统可以对全量财务数据进行持续、实时地监控和分析，及时发现异常交易和舞弊风险，提高了审计的全面性和有效性。机器学习技术还可以通过对内外部数据的关联进行分析，如银行流水、发票信息等，交叉验证财务数据的真实性和一致性，提升了审计证据的可靠程度。

4. 预算管理与控制

在预算管理与控制方面，机器学习技术可以根据历史数据和外部环境因素，构建预测模型，准确预测企业未来一定时期内的资金流和资源需求，提高预算编制的科学性和准确性。在预算执行过程中，机器学习技术可以实时比对实际数据与预算数据，及时预警预算偏离，为管理层调整决策提供依据。同时，机器学习技术能够通过对预算数据与绩效的关联进行分析，评估预算管理的有效性，为管理层优化资源配置提供决策支持。

（二）自然语言处理技术在智能会计中的应用

自然语言处理技术是人工智能领域的一个重要分支，它致力于赋予计算机理解和生成人类语言的能力。随着自然语言处理技术的不断进步，其在智能会计领域的应用日益广泛和深入。将自然语言处理技术引入智能会计，不仅有助于提高会计信息处理的效率和准确性，优化会计流程，还能为企业的财务管理和决策提供更加及时、全面、可靠的数据支持。

1. 会计数据输入

从会计数据输入角度来看，自然语言处理技术可以显著提高原始凭证的处理效率。传统的会计凭证处理往往需要人工录入，不仅耗时耗力，而且容易出现错漏。运用自然语言处理技术，计算机可以自动识别和提取发票、收据等凭证中的关键信息，如日期、金额、摘要等，并将其转化为结构化的会计分录。

这不仅能够减轻会计人员的工作负担，提高数据采集的速度和准确率，还能够避免人为失误，确保会计信息的真实性和可靠性。

2. 会计报告生成

从会计报告生成角度来看，自然语言处理技术可以实现报告的自动写作。传统的财务报告撰写通常需要会计人员根据财务数据手工编制，这一过程不仅专业性强，而且非常耗时。借助自然语言处理技术，智能会计系统可以自动生成财务报告的文本内容。系统根据分析处理后的会计数据，提炼其中的关键信息和趋势特征，并根据预设的报告模板和语言规则，生成通顺、专业的报告文本。这不仅能够减少报告编制的时间，还能够保证报告的规范性和一致性，为管理层的决策提供更加直观、易于理解的信息。

3. 会计知识学习

从会计知识学习角度来看，自然语言处理技术可以实现个性化、智能化的学习体验。会计知识体系庞大，涉及财务会计、管理会计、审计等多个领域，学习过程中难免遇到理解困难和专业术语障碍。运用自然语言处理技术，智能会计学习系统可以根据学习者的提问和反馈，自动检索相关的概念解释、案例说明和操作演示，并以通俗易懂的方式予以呈现。这种交互式的学习方式不仅能够提高学习者的学习效率，加深对知识的理解，还能够激发其学习兴趣，实现因材施教。

4. 会计舞弊检测

从会计舞弊检测角度来看，自然语言处理技术可以提高风险识别和预警能力。财务舞弊往往隐藏在海量的交易数据和文本信息中，传统的人工审核方式难以及时发现问题，且容易受到舞弊者刻意掩盖的影响。引入自然语言处理技术后，智能会计系统可以快速分析海量的结构化和非结构化数据，通过机器学习技术建立正常交易的行为模式，及时识别出异常情况。同时，系统还可以对合同、公告等文本信息进行情感分析，捕捉其中隐含的风险信号，为企业进行内部控制提供有力支撑。

（三）计算机视觉技术在智能会计中的应用

计算机视觉技术是一门研究如何使计算机理解和分析数字图像或视频的学科，其核心目标是让机器和人一样具备视觉感知和理解能力。在智能会计中，计算机视觉技术主要应用于票据识别、发票验真、财务报表分析等场景，大大提高了会计人员工作的效率和准确性。计算机视觉技术在智能会计领域的应用日益广泛，为传统会计工作带来了革命性变革。

1. 票据识别

传统的票据处理流程需要会计人员手工录入票据信息，费时费力且容易出错。而利用计算机视觉技术，只需将票据图像输入系统，就能自动识别出票据的关键信息，如发票号码、日期、金额等，无须人工干预。这不仅降低了人力成本，也提高了数据录入的准确率。

2. 发票验真

随着电子发票的普及，虚开发票、伪造发票等违法行为屡见不鲜，给企业财务管理带来了巨大风险。传统的发票验真方法主要依靠人工核查发票信息，效率低下且易受主观因素影响。而计算机视觉技术可以通过分析发票图像的细节特征，如字体、水印、印章等，快速判断发票的真伪。同时，还可以将发票信息与税务系统进行比对，进一步验证发票的合法性。一些创新企业已经开发出基于区块链和计算机视觉技术的发票验真平台，实现了发票全生命周期的可追溯管理。

二、智能会计的区块链技术基础

（一）区块链的基本原理

区块链是一种分布式账本技术，其核心是通过密码学原理构建一个去中心化、不可篡改、可追溯的数据记录系统。在区块链网络中，每个节点都保存着一份完整的数据副本，所有节点共同参与数据的记录和验证，从而实现了数据的分布式存储和共识机制。

区块链的基本结构是由一个个区块按照时间顺序串联而成的链式结构，每个区块都包含了一定时间段内的交易数据、时间戳以及前一个区块的哈希值等信息。通过将前一个区块的哈希值纳入当前区块的数据中，保证了区块链的完整性和不可篡改性。如果有人试图修改某个区块中的数据，就会导致后续所有区块的哈希值发生变化，这种改动很容易被其他节点发现和识别。

区块链采用了复杂的密码学技术来确保数据的安全性和一致性，其中，非对称加密算法被用于生成公钥和私钥，实现身份认证和数据加密；哈希算法被用于生成区块的唯一标识，实现快速校验和防篡改；工作量证明（PoW）等共识算法则被用于实现节点间的一致性，防止双重支付等恶意行为。

除数据层面的创新外，区块链还为实现智能合约奠定了基础。智能合约本质上是一套以代码形式存在的合同条款，当合约触发条件被满足时，合约代码就会自动执行，确保合约条款的严格履行。智能合约大大提高了合同执行的效率和可信度，为构建可信的去中心化应用（DAPP）提供了便利。

从底层架构上看，区块链可以分为公有链、联盟链和私有链三种类型。公有链是一种完全开放、去中心化的区块链，任何人都可以参与网络并验证交易；联盟链是一种半开放、多中心的区块链，由若干个机构共同维护；私有链是一种封闭、中心化程度较高的区块链，主要在企业或组织内部使用。不同类型的区块链在安全性、性能、管理方式上各有特点，可根据实际场景需求进行选择和应用。

（二）区块链在会计中的应用

区块链技术以其去中心化、不可篡改、可追溯等独特优势，正在深刻影响着会计行业的发展轨迹。在会计领域，区块链主要应用在财务报告、审计、供应链金融等方面。通过将区块链技术与传统会计实务相结合，有望从根本上提高会计信息质量，优化业务流程，推动行业变革。

1. 财务报告

财务报告是会计工作的核心，其真实性、准确性直接关系到企业的信用和声誉。在传统模式下，财务报告的编制和披露过程容易受到人为操纵的影响，存在舞弊风险。区块链技术为解决这一难题提供了新的思路。利用区块链的分布式账本和共识机制，每一笔交易都能被准确记录，并经过网络节点的共同验证，篡改的可能性几乎为零。这不仅确保了会计信息的真实性、可靠性，也极大地提高了财务报告的透明度。投资者、监管机构等利益相关方能够实时查询企业的财务状况，进行有效监督，从而营造更加公平、透明的市场环境。

2. 审计

在审计领域，区块链技术同样大有可为。传统的审计工作往往依赖人工抽查，不仅效率低下，而且难以覆盖全部交易。区块链为实现审计自动化、智能化开辟了新的路径。通过将审计程序嵌入区块链平台，审计工作可以实时进行，且所有交易数据都会被完整地记录在区块链上，实现可追溯、可验证。这种“链上审计”模式不仅能够降低审计成本，提高审计效率，更能最大限度地减少舞弊行为。审计的重心将从“事后”转移到“事中”，从而真正实现审计的预警和防范功能。

3．供应链金融

在供应链金融中，区块链技术有广阔的应用前景。中小企业融资难、融资贵一直是困扰行业发展的痛点。运用区块链搭建的供应链金融平台，可以有效改善这一现状。通过将供应链上下游企业的真实交易数据上链，并利用智能合约自动触发付款和融资，中小企业能够便捷获得融资支持。同时，供应链上的每个参与主体都有责任维护数据的真实性，一旦造假将受到联合惩戒，从而大大降低了金融欺诈风险。区块链让供应链金融更加高效、透明、安全，有利于优化资源配置，为实体经济赋能。

（三）智能合约在会计中的应用

智能合约作为区块链技术与会计领域深度融合的产物，正在掀起一场前所未有的会计变革。传统的会计工作模式往往依赖人工操作和纸质凭证，存在效率低下、信息不对称等诸多问题。而智能合约凭借其去中心化、不可篡改、自动执行等独特优势，有望从根本上重塑会计的业务流程和信任机制，推动会计行业迈入智能化时代。

1．智能合约能够实现会计业务流程的自动化和智能化

基于预设的触发条件和执行规则，智能合约可以自动完成收付款、结算、审核等一系列会计处理，无须人工干预。这不仅极大地提高了会计效率，降低了错误和舞弊的风险，还实现了业务流程的标准化和规范化。

2．智能合约为会计信息的可信度提供了坚实保障

传统的会计凭证和账簿容易被伪造、篡改，给会计信息的真实性带来隐患。而智能合约一旦部署到区块链上，其代码和执行结果都会被永久、不可逆地记

录下来，任何人都无法对其进行修改。这种不可篡改性使得会计信息的真实性和可靠性得到了根本保证。审计人员只需查询区块链上的交易记录，就能准确追踪每一笔业务的来龙去脉，大大降低了审计成本。

3. 智能合约打通了会计信息流通的“最后一公里”

当前，不同企业、不同部门之间的会计信息往往难以实现有效共享，影响了协同效率。然而，智能合约为会计信息的多方共享提供了便捷通道。通过授权机制，企业可以将部分会计信息嵌入智能合约，向特定主体开放。这不仅方便了会计信息的跨组织流转，提高了供应链协同水平，还有利于监管部门实时监测企业的财务状况，防范系统性风险。

4. 智能合约将重塑会计行业的就业格局和人才需求

随着越来越多的会计业务实现了自动化处理，一些低端重复性工作将被智能合约取代。这对会计从业者提出了新的挑战，要求其不断更新知识结构，提升数字化能力。未来，精通区块链技术、智能合约开发的复合型会计人才将备受青睐。会计工作的重心也将从单纯的核算和监督，转向更具价值创造性的管理决策和风险控制。

三、智能会计的云计算技术基础

（一）云计算的基本概念

云计算是一种新兴的计算模式，它以网络“云”的方式，按需提供共享的软硬件资源和信息服务。从本质上讲，云计算是一种服务，用户无须购买软件和硬件、建设机房、配备 IT 人员，就能便捷地享受信息技术提供的高性能计算、海量存储、按需资源配置等服务。这种“即插即用”的资源使用方式极大地降低了用户的使用门槛和投资成本，为信息化应用提供了更加高效、经济、可靠的基础设施支撑。

从服务模式来看，云计算主要包括基础设施即服务（IaaS）、平台即服务（PaaS）和软件即服务（SaaS）三种类型。IaaS 通过虚拟化技术将 IT 基础设施作为一种服务提供给用户，用户可以灵活地选择所需的计算、存储、网络等资源，并根据需要动态扩展；PaaS 在 IaaS 的基础上集成了操作系统、中间件等平台软件，为用户提供软件开发、测试、部署的一站式环境；SaaS 则进一步将应用软件作为服务交付，用户只需通过网络访问就能使用所需软件，无须关心底层 IT 资源。从技术架构来看，云计算的核心是虚拟化技术、分布式存储和并行计算技术。虚拟化技术通过将物理资源抽象为逻辑资源，实现了计算资源的动态配置和弹性伸缩；分布式存储通过将海量数据分散存储在众多服务器上，提供了高可靠、高可用的数据访问服务；并行计算技术利用多核处理器和集群系统，支持大规模的数据处理和复杂计算。这些技术的集成应用，使得云计算能够满足各种应用场景的资源需求，提供安全、高效、灵活的服务。

云计算的应用领域十分广泛，涵盖了政府、企业、科研、教育等各行各业。在电子政务领域，云计算可以整合分散的政府信息系统，提供一站式的公共服务平台；在企业管理领域，云计算可以支撑供应链、客户关系等核心业务系统，提高运营效率；在科学研究领域，云计算可以为科学计算、数据挖掘等应用提供强大的计算和存储支持；在数字教育领域，云计算可以构建共享的教育资源库，支持在线学习和远程教学。此外，在大数据、物联网、人工智能等新兴领域，云计算也发挥着基础支撑作用。

（二）云计算在会计数据存储中的应用

云计算在会计数据存储领域的应用为会计信息化建设开辟了新的途径。传统的会计数据存储方式主要依赖本地服务器或个人计算机，存在数据安全性低、可靠性差、存储空间有限等问题。然而，云计算通过互联网将海量数据存储在远程服务器上，用户可以按需获取存储资源，克服了传统存储模式的局限性。

将会计数据迁移至云端存储，可以从多个方面提高数据管理的效率和质量。一方面，云存储能够为企业提供广阔的存储空间，满足数据不断增长的需求。会计凭证、财务报表等数据可以长期保存在云端，无须担心存储容量不足的问题。另一方面，云计算服务商通常采用多重备份、异地容灾等方式来保障数据安全，大大降低了数据丢失、损毁的风险。即便个别服务器发生故障，也不会影响数据的完整性和可用性。

此外，云存储还能够实现数据的集中管理和随时访问。财务人员无须受时间、地点的限制，只要通过网络就能够便捷地获取所需的会计数据，极大地提高了工作效率。数据的集中存储也便于企业进行统一的管理和维护，避免了分散存储可能导致的数据冗余、不一致等问题。基于云计算的数据共享机制，还能够促进会计信息在企业内部的横向流转，为管理决策提供及时、准确的数据支持。

云计算在会计数据存储中的应用，还体现在与大数据技术的融合上。海量的会计数据汇聚在云端，为大数据分析提供了丰富的数据源。运用大数据技术，可以从繁杂的会计数据中挖掘出有价值的信息，揭示财务状况、经营成果背后的规律，为企业的预测决策和风险管控提供依据。云计算和大数据的结合，使会计数据的价值得以充分释放，为企业创造更大的效益。

（三）云计算在会计数据处理中的应用

云计算在会计数据处理中的应用已成为会计行业发展的必然趋势。云计算技术以其强大的计算能力、广阔的存储空间和灵活的资源调度，为会计数据处理提供了高效、便捷的解决方案。通过将会计数据迁移到云端，企业可以突破传统会计信息系统的局限性，实现数据的集中管理和实时共享，提高会计工作的协同性和准确性。同时，云计算能够为企业提供弹性扩展的计算资源，满足会计数据处理的高并发、高吞吐量需求，确保关键业务的连续性和稳定性。

从具体应用场景来看，云计算在会计数据采集、存储、分析和应用等环节都发挥着重要作用。在数据采集阶段，企业可以利用云端的数据接口和集成工具，实现多源异构数据的自动采集和实时同步，减少人工录入的工作量和降低差错率。在数据存储阶段，云计算平台提供了广阔的存储空间和分布式存储架构，能够满足企业日益增长的数据存储需求，同时通过数据备份、容灾等机制保障数据的安全性和可靠性。在数据分析阶段，云计算的并行计算、内存计算等技术可以大幅提高数据处理的效率和速度，支持企业进行实时的财务分析。基于云计算的在线分析处理（OLAP）、数据挖掘等工具，还能够帮助企业从海量的会计数据中发现隐藏的价值，优化业务流程，提高经营绩效。

云计算还为企业提供了丰富的会计应用软件和服务，如云财务软件、云审计软件、云税务软件等。这些基于 SaaS 模式交付的应用，集成了业界领先的会计实务和最佳实践，能够帮助企业快速构建标准化、规范化的会计业务流程，提高会计信息质量和管理水平。同时，云计算平台还提供了开放的 API 接口和二次开发工具，支持企业根据自身业务特点进行个性化的功能扩展和流程优化，实现会计信息系统的敏捷创新。

第二章 智能会计系统的设计与实现

第一节 智能会计系统的架构设计

一、智能会计系统的数据层设计

（一）数据库选型

数据库作为系统的基础设施，其性能、可靠性和扩展性直接影响整个系统的运行效率和稳定性。在智能会计系统中，海量的财务数据、交易记录、用户信息等需要进行高效的存储、管理和检索，这对数据库的性能提出了很高的要求。同时，智能会计系统还要具备支持复杂的数据分析和挖掘功能，如财务预测、风险评估等，这就要求数据库具备良好的分析型能力。因此，选择一款高性能、高可靠、易扩展、支持智能分析的数据库至关重要。

目前，市场上有多种类型的数据库可供选择，如关系型数据库、NoSQL 数据库、NewSQL 数据库等。关系型数据库凭借其严谨的理论基础、成熟的技术体系和丰富的生态资源，长期以来一直是企业级应用的首选。例如，Oracle、MySQL、SQL Server 等主流关系型数据库，在事务处理、数据一致性保障方面表现出色。不过，面对智能会计系统海量数据存储和实时分析的需求，关系型数据库的扩展性及其性能或许难以完全满足。NoSQL 数据库如 MongoDB、Cassandra 等，采用了更加灵活的数据模型，在水平扩展和大数据处理方面具有优势，但在事务一致性和复杂查询支持方面还有所欠缺。NewSQL 数据库如 TiDB、CockroachDB 等，则试图兼具传统关系型数据库的 ACID 特性和 NoSQL 数据库的可扩展性，为用户提供一站式的解决方案。

考虑到智能会计系统对数据一致性、事务处理和智能分析的综合要求，采用 NewSQL 数据库不失为一个理想的选择。以 TiDB 为例，它具有的支持水平扩展、强一致性事务、实时 OLAP 等特性，能够同时满足智能会计系统海量数据存储和复杂查询分析的需求。而且，TiDB 完全兼容 MySQL 协议，用户可以无缝地从 MySQL 迁移过来，这大大降低了数据库选型和切换的成本。

除数据库自身的特性外，我们在选型时还需要考虑数据库与系统整体架构的契合度。智能会计系统采用了微服务架构，不同的服务模块可能对数据库有不同的需求。这就要求数据库具有灵活的部署方式和丰富的访问接口，能够与各类型服务无缝对接。同时，我们还要评估数据库在容错、备份、恢复等方面的能力，确保系统能够持续、稳定地运行。可靠的监控和运维工具也是必不可少的，其能帮助我们及时发现和定位数据库的性能瓶颈和潜在风险。

（二）数据存储结构

1. 数据特点

从数据特点来看，智能会计系统需要处理海量的财务数据，这些数据通常具有数据量大、更新频繁、关联复杂等特点。因此，数据存储结构的设计要兼顾数据的可扩展性和查询效率。一方面，要选择合适的数据库类型，如关系型数据库或 NoSQL 数据库，以满足不同类型数据的存储需求；另一方面，要合理设计数据表结构，采用适当的范式化，既要避免数据冗余，又要减少表连接，提高查询性能。

2. 业务需求

从业务需求来看，智能会计系统涉及财务核算、预算管理、成本控制、税务处理等多个业务模块，每个模块对数据存储结构都有不同的要求。例如，财务核算模块需要严格遵循会计准则，保证数据的准确性和一致性；预算管理模块需要灵活多变的数据模型，以适应预算编制、执行和调整的需要；成本控制模块需要多维度的数据分析，以便进行成本归集和核算。因此，在设计数据存储结构时，要深入分析每个业务模块的功能特点和数据需求，有针对性地设计数据模型，既要满足业务需求，又要兼顾数据的一致性和完整性。

3. 系统性能

从系统性能来看，智能会计系统需要支持高并发、高吞吐的数据访问，这对数据存储结构提出了更高的要求。为了提高系统性能，可以采用垂直分库、水平分表等数据分片技术，将大表拆分为多个小表，减少单表数据量，提高查询效率。同时，还可以使用索引、缓存、数据压缩等优化手段，加快数据的读写速度。此外，数据存储结构还要考虑数据安全和故障恢复，采用合适的数据备份和容灾机制，确保数据不会丢失或损坏。

（三）数据访问策略

数据访问策略是智能会计系统数据层设计中的关键环节，它直接决定了系统的性能、可扩展性和安全性。在大数据时代背景下，海量的异构数据不断涌现，这对智能会计系统数据访问提出了更高要求。因此，设计科学合理的数据访问策略，成为智能会计系统设计与实现过程中亟待解决的重要问题。

数据访问策略的核心在于平衡系统性能与数据安全。一方面，智能会计系统需要高效、快速地访问和处理海量数据，这就要求数据访问策略能够最大限度地提高数据读写效率，减少数据访问延迟；另一方面，智能会计系统涉及大量敏感的财务数据，这对数据安全和隐私保护提出了极高要求。因此，数据访问策略还需要从身份认证、访问控制、数据加密等多个维度入手，构建起严密的数据安全防护体系。

针对这些需求，智能会计系统的数据访问策略应遵循以下原则：首先，采用分层数据访问架构。将数据访问划分为数据持久层、数据访问层、业务逻辑层等多个层次，每一层负责不同的数据访问功能，层与层之间通过明确的接口进行通信。这种分层架构有利于隔离数据访问细节，提高系统的可维护性和可扩展性。其次，引入缓存机制。对于频繁访问的数据，可以通过缓存技术减少直接读取数据库的次数，显著提升数据访问性能。常见的缓存技术包括内存缓存、分布式缓存等。再次，优化数据库查询。通过 SQL 语句优化、索引设计、分表分库等手段，减少数据库查询的响应时间，提高数据访问效率。最后，加强数据安全防护。采用严格的身份认证和授权机制，严格控制不同用户对数据的访问权限；同时，对敏感数据进行加密存储和传输，防止数据泄露。

二、智能会计系统的业务逻辑层设计

（一）业务逻辑层概述

业务逻辑层作为智能会计系统的核心组成部分，承担着处理业务数据、实现业务规则、协调各层之间交互的重要职责。它位于数据层和接口层之间，通过对业务需求的深入分析和抽象，将复杂多变的业务场景转化为清晰明确的业务逻辑，并以高度模块化、可重用的方式实现这些逻辑，从而保证了系统的灵活性、可扩展性和可维护性。

业务逻辑层的设计需要遵循一系列基本原则。首先是高内聚低耦合原则，即将相关的业务逻辑封装在一起，形成独立的业务组件，减少组件之间的相互依赖和影响。这样不仅能够提高系统的模块化程度，降低开发和维护成本，还能够增强系统的可复用性和可测试性。其次是面向接口编程原则，通过定义清晰的接口契约，实现业务逻辑与具体实现的解耦，提高系统的灵活性和可替换性。再次是单一职责原则，即每个业务组件都应该专注于完成单一的业务功能，避免职责混乱和逻辑冗余。最后是开闭原则，即对扩展开放，对修改关闭。通过合理的抽象和设计，使得系统能够在不修改原有代码的情况下灵活地添加新的业务逻辑。

在业务逻辑层的具体设计中，需要深入分析业务领域，识别出各个业务实体及其属性和行为，明确业务实体之间的关系和约束。通过领域建模，构建起反映真实业务的领域模型，为后续的业务逻辑设计提供坚实的基础。在此基础上，业务逻辑层通过一系列业务组件来实现这些领域模型所蕴含的业务规则和约束，如数据校验、计算逻辑、工作流控制等。这些业务组件以松散耦合的方式协同工作，共同完成复杂的业务处理任务。同时，业务逻辑层还需要妥善处理各种异常情况，确保系统的稳定性。

（二）业务规则定义

业务规则是智能会计系统业务逻辑层的核心要素，它规定了系统必须遵循的会计准则、财务制度和业务流程。明确、完整、精准的业务规则是确保智能会计系统高效运转、输出可靠财务信息的前提。在智能会计系统的设计与实现过程中，业务规则的提炼和落地需要会计学、管理学、信息技术等多学科知识的交叉融合，是一项复杂而系统的工程。

业务规则的首要任务是全面梳理企业的财务核算和管理流程，提炼其中的关键控制点和判断逻辑。这需要设计人员深入业务一线，与财务人员、业务管理者充分沟通，准确把握业务实质和管理要求。同时，还要广泛收集相关法律法规、会计准则、行业规范等文件，将外部监管要求与内部管理需求相结合，形成完整、严谨的业务规则体系。在这一过程中，设计人员既要有扎实的会计理论功底，又要具备敏锐的业务洞察力和缜密的逻辑思维能力。

在业务规则的具体表述上，需要遵循标准化、精细化、形式化的原则。标准化是指业务规则应符合会计准则和相关法规的规定，在概念、术语、计量方法等方面保持一致，减少歧义和误解的可能。精细化是指业务规则应细化到每一个业务判断和处理环节，对关键数据项的计算、传递、校验等做出明确规定，不留操作盲区和模糊空间。形式化是指业务规则应以严谨的数学逻辑表达式或决策表的形式呈现，便于转化为计算机可执行的程序代码，提高业务逻辑的透明度和可追溯性。

（三）业务流程管理

业务流程管理涉及对业务规则的定义、业务流程的建模和优化，以及工作流引擎的实现等多个方面。只有通过科学、规范的业务流程管理，才能确保智能会计系统高效、准确地执行各项会计业务，为企业的财务管理和决策提供可靠的数据支撑。

业务规则是智能会计系统进行业务处理的基础，它规定了各项会计业务活动应当遵循的原则、标准和要求。在智能会计系统的设计中，必须全面、准确地定义各类业务规则，包括会计准则、税收政策、内部控制制度等。这些业务规则应当以形式化的方式表示，如决策表、业务规则引擎等，以便于系统进行自动化处理。同时，业务规则还应当具有一定的灵活性和可扩展性，以适应不断变化的外部环境和管理需求。

在明确业务规则的基础上，智能会计系统还需要对业务流程进行建模和优化。业务流程是由一系列相互关联的活动组成的，用于完成特定的会计业务目标。通过对业务流程进行分析和设计，可以明确各个活动的执行顺序、职责分工、数据依赖关系等，进而形成标准化、规范化的业务处理模式。先进的建模工具和方法，如 BPMN、UML 等，为业务流程建模提供了有力支持。基于这些模型，可以运用仿真、优化等技术，对业务流程进行改进和再造，提高其效率和质量。

工作流引擎是智能会计系统执行业务流程的核心组件，它负责解释业务流程模型，协调各个活动的执行，传递数据和控制信息，并对流程执行过程进行监控和管理。一个强大的工作流引擎应当具备灵活的流程配置能力，支持多种流程模式，如顺序流、并发流、条件分支等。同时，工作流引擎还应当与其他系统组件，如业务规则引擎、数据库等紧密集成，实现业务逻辑与数据的无缝衔接。先进的工作流引擎还应提供流程监控、性能分析、异常处理等管理功能，保障业务流程的顺畅执行。

三、智能会计系统的接口层设计

（一）接口设计原则

接口设计是智能会计系统架构设计过程中至关重要的环节。一套科学、合理、高效的接口设计原则能够有效保证系统各模块之间的顺畅交互，提高系统的可扩展性和可维护性。同时，优秀的接口设计也能够显著改善用户体验，提升系统的易用性和用户黏性。因此，在智能会计系统的设计过程中，必须高度重视接口设计原则的制定和实施。

1. 标准化原则

智能会计系统往往涉及多个子系统和模块，如财务核算、预算管理、成本控制等。这些模块之间存在频繁的数据交换和功能调用，因此必须制定统一的接口规范，明确接口的输入输出格式、调用方式、异常处理机制等。标准化的接口设计能够最大限度地减少模块之间的耦合，提高系统的可扩展性和可维护性。即便是在系统升级或模块更换时，只要新模块遵循既有的接口标准，就能够轻松地嵌入系统，实现无缝对接。

2. 安全性原则

智能会计系统处理的是企业的核心财务数据，对数据的保密性和完整性有极高要求。因此，在设计接口时必须考虑各种安全因素，如身份验证、访问控制、数据加密传输等。同时，还要针对可能出现的恶意攻击设计相应的防御措施，如参数校验、限流、熔断等机制。只有在接口层面从源头上杜绝安全隐患，才能构建一个稳定、可靠、值得信赖的智能会计系统。

3. 灵活性原则

企业的业务流程和管理模式往往随着内部和外部环境的变化而动态调整，智能会计系统也需要具备快速适应变化的能力。因此，接口设计一方面要尽可能通用，避免过度依赖具体业务；另一方面要易于扩展和定制，能够通过灵活地配置来实现接口功能的新增、修改、删除。比如，可以提供一些可选的查询参数，在不同的业务场景下动态传入；又如，可以引入插件化机制，允许用户自定义接口的前后置处理逻辑。灵活的接口设计使得系统能够快速响应需求变化，真正做到“好用”和“管用”。

4. 性能优化原则

随着数据量的不断增长和业务复杂度的提升，智能会计系统的性能瓶颈日益凸显，而系统间频繁的接口调用无疑是影响性能的重要因素。因此，在接口设计时要尽量减少不必要的数据传输，可以采用增量更新、缓存等机制；要注重接口的并发性能，可以通过异步调用、消息队列等方式来实现；还要关注接口的响应速度，可以使用缓存、索引、数据库优化等手段加以改进。遵循性能优化原则的接口设计能够有效提高系统的整体运行效率，让海量数据和复杂业务“跑”得更快。

5. 易用性原则

再强大的功能，如果使用接口烦琐、晦涩难懂，也会大大影响用户使用的积极性。因此，接口设计要尽量简洁友好，降低用户的学习和使用成本。比如，接口的命名要见名知意，避免使用晦涩的缩写；接口的参数要精简规范，提供明确的示例和说明；接口的返回值要具有确定性和人性化，给出明确的状态和必要的描述信息。针对不同的用户角色，还可以设计不同粒度和复杂度的接口，满足不同层次的需求。易用的接口设计能够显著改善用户体验，提升用户满意度和忠诚度。

（二）接口类型与规范

科学、合理的接口设计能够保证系统各模块之间的高效协作，实现数据的无缝传输和共享。在设计接口时，首先要明确接口的类型。智能会计系统涉及多种类型的接口，包括内部接口、外部接口、用户接口等。内部接口主要实现系统内部各模块之间的交互，如数据层与业务逻辑层之间的数据交换接口。外部接口则用于与其他系统之间进行数据交互，如与银行系统对接的支付接口、与税务系统对接的纳税申报接口等。用户接口是系统与最终用户之间的交互渠道，如 Web 前端页面、移动 App 等。

确定接口类型后，还需要对接口进行规范化设计，包括接口命名规范、数据格式规范、错误处理规范等。接口命名规范是指应遵循统一的命名原则，采用具有语义的、可读性强的命名方式。数据格式规范是指需要明确接口传输数据的格式和结构，通常采用 JSON、XML 等通用的数据交换格式。错误处理规范是指要定义接口调用过程中可能出现的异常情况及其处理方式，确保系统能够优雅地应对各种错误场景。

（三）接口安全管理

接口安全管理是智能会计系统设计与实现中不可或缺的一环，它通过建立严格的访问控制机制、数据加密、身份认证等一系列措施，确保系统与外界交互时的安全性和可靠性。在当前大数据、云计算等新技术广泛应用的背景下，接口安全管理对于保障智能会计系统的稳定运行、防范网络攻击和数据泄露具有重要意义。

1. 建立严格的访问控制机制

智能会计系统通常包含大量敏感的财务数据和业务信息，如果这些数据被非法访问或篡改，将会给企业造成难以估量的损失。因此，系统必须对每个接口的访问权限进行精细化管理，根据用户的身份、角色等分配相应的操作权限。同时，还要对访问行为进行实时监控和审计，及时发现和阻断可疑的操作请求。只有从源头上控制接口的访问，才能真正保障系统安全。

2. 数据加密

在智能会计系统的运行过程中，大量数据需要通过网络在系统内部或系统与外部之间进行传输。如果这些数据以明文的形式在网络中传输，很容易被不法分子截获和窃取。为了防范这种风险，系统必须对敏感数据进行加密处理，确保数据在传输过程中的机密性。常用的加密算法包括对称加密、非对称加密等，通过对数据进行加密，可以有效防止数据被非法窃取和篡改。

3. 身份认证

智能会计系统通常涉及多个参与主体，如财务人员、审计人员、管理层等，不同主体拥有不同的系统权限和操作范围。为了确保每个主体都能在其权限范围内合法、合规地使用系统，必须对其身份进行可靠的认证。这可以通过用户名密码、数字证书、生物特征识别等多种方式来实现。只有通过身份认证，系统才能准确识别每个用户的身份，进而根据预设的权限策略对其进行授权和管理。

四、智能会计系统的用户界面层设计

（一）用户界面设计原则

用户界面设计是智能会计系统构建的关键环节，其质量直接影响系统的可用性和用户体验。为了确保智能会计系统发挥最大效用，界面设计必须遵循以用户为中心、简洁明了、一致性、反馈性、容错性原则。

1. 以用户为中心原则

设计师应深入分析会计人员的工作场景，洞察会计人员的工作流程、思维习惯和真实需求，据此合理规划系统功能布局，优化人机交互方式，最大限度降低用户的认知负荷和操作难度。例如，对于频繁使用的核心功能，可以通过醒目的视觉设计和便捷的操作路径予以突出；而对于复杂的业务流程，可以采用向导式交互，引导用户循序渐进地完成任务。

2. 简洁明了原则

界面设计应力求简洁明了，避免信息过载和视觉噪声。繁杂的界面元素不仅会加重用户的认知负担，还会分散其注意力，导致操作效率低下。因此，设计师应该聚焦用户的核心任务，精简非必要信息，合理利用空白区域，并通过信息分层、视觉分组等方式优化界面布局。同时，设计师还应该重视信息的可读性，选用恰当的字体、字号和配色方案，确保关键信息的醒目程度。

3. 一致性原则

一致性原则要求智能会计系统的界面设计在视觉风格、交互方式、术语表述等方面保持统一。界面一致有助于降低用户的学习成本，促进其形成稳定的心智模型，从而提高操作效率。例如，对于同类功能或页面，应采用相同的布局方式和控件样式；对于类似的操作，应沿用相同的交互路径和反馈方式。设计师还应该参考用户的先前经验和认知习惯，运用行业通用的设计模式和界面规范，减轻用户的不适应感。

4. 反馈性原则

反馈性原则强调界面应对用户操作给予及时、合理的响应。无论是数据提交、信息检索，还是功能切换、参数调整，系统都应该以恰当的视觉、听觉或触觉反馈告知用户当前状态和执行结果，消除其疑虑和不安全感。常见的反馈方式包括进度指示、状态提示、操作确认等。设计师还应针对不同的反馈类型和用户场景，合理设计反馈的呈现方式和持续时间，避免打断用户的任务流或造成其视觉疲劳。

5. 容错性原则

容错性原则要求界面为用户预留出错的余地，并为其提供必要的纠错机制。即使是专业的会计人员，也难免在操作过程中出现失误。因此，设计师应充分考虑可能出现的错误情形，并通过限制输入、数据校验、撤销恢复等方式降低错误发生的概率。一旦用户犯错，系统应该以友好、宽容的方式提示错误信息，引导其进行修正，而非简单地阻断其操作或抛出晦涩的技术性提示。

（二）用户体验优化

用户体验优化是智能会计系统用户界面层设计中至关重要的一环。一个优秀的用户界面应该具有友好性、易用性、高效性等特点，让用户在使用系统时感到舒适和便捷。这就要求设计者在进行界面设计时，要充分考虑用户的需求和习惯，设身处地为用户着想，为用户提供一种直观、流畅的操作体验。

1. 界面美学设计

一个美观、和谐的用户界面能够给用户带来愉悦的视觉感受，激发其使用系统的兴趣和热情。在进行美学设计时，设计者需要遵循一定的美学原则，如简洁性原则、一致性原则、对比性原则等。简洁性原则要求界面设计要去除冗余元素，突出核心功能；一致性原则强调界面风格、布局、交互方式的统一；对比性原则强调通过颜色、大小、位置等视觉元素的对比，引导用户的注意力。同时，界面美学设计还要考虑色彩搭配、字体选择、图标设计等因素，力求达到视觉上的和谐与平衡。

2. 交互设计

交互设计是界面设计的核心内容，它直接影响用户与系统的沟通和互动。一个优秀的交互设计应该遵循自然、直观的原则，让用户无须过多思考就能理解界面的操作逻辑。常见的交互设计技巧包括合理使用隐喻，利用用户已有的认知经验；提供及时、明确的反馈，让用户了解自己的操作结果；合理组织信息架构，减轻用户的记忆负担；提供必要的提示和帮助，引导用户完成任务等。此外，交互设计还要注重细节的打磨，如合理设置响应时间、提供撤销操作的机会、允许用户自定义设置等，以提升用户的满意度和忠诚度。

3. 可用性测试

通过召集真实用户，观察其在实际使用过程中的行为和反应，设计者能够发现界面设计存在的潜在问题，并及时进行改进。可用性测试通常采用任务驱动的方式，即设计一些典型任务，让用户在完成任务的过程中体验系统的可用性。在测试过程中，设计者需要关注用户的完成时间、错误率、满意度等指标，同时也要注意收集用户的反馈和建议。基于测试结果，设计者可以优化界面布局、调整交互流程、完善帮助文档等，从而不断提升用户的体验感。

4. 无障碍性设计

无障碍设计旨在消除界面可能存在的物理障碍，保障所有用户公平地获取信息、使用功能的权利。这就要求设计者要考虑不同用户的生理特点和需求，提供多种交互方式，如键盘操作、语音控制等；针对视觉障碍用户，提供屏幕阅读、字号放大、色彩对比度调整等功能；针对听觉障碍用户，提供通知的视觉提醒或振动提醒等。此外，无障碍设计还包括对系统文案、帮助文档、错误提示等内容的优化，力求表述清晰、通俗易懂，方便不同用户群体理解和使用。

第二节　智能会计系统的模块设计

一、智能会计系统的账务处理模块设计

（一）账务数据录入

账务数据录入是智能会计系统设计与实现的首要环节，它直接关系到后续账务处理、报表生成等核心功能的实现。在大数据时代背景下，海量、异构、非结构化的数据给账务数据录入带来了前所未有的挑战。传统的人工录入方式已难以适应新形势下的要求，迫切需要引入人工智能、机器学习等先进技术，

实现账务数据录入的自动化、智能化。

基于深度学习的票据识别技术是智能化账务数据录入的关键。通过对大量票据样本的训练，深度学习模型能够自动提取票据中的关键信息，如发票号码、日期、金额、税率等，将非结构化的票据图像转化为结构化的数据。这不仅大大提高了数据录入的效率和准确性，而且降低了人工录入过程中的错漏风险。

票据识别只是账务数据录入的第一步，为了确保录入数据的准确性和一致性，还需要进行数据清洗和标准化处理。数据清洗是指对录入的原始数据进行检查、修正和补充，剔除其中的异常值、重复值和缺失值。这一过程可以借助大数据分析技术，通过设定一系列数据质量规则，自动识别和处理问题数据。数据标准化是指按照统一的格式和标准对数据进行规范化处理，确保数据在后续处理中的一致性和可比性。常见的标准化处理包括日期格式转换、金额单位统一、编码映射等。

（二）账务数据处理

账务数据处理是智能会计系统的关键环节，其质量直接影响整个系统的运行效率和财务信息的准确性。随着大数据、人工智能等新兴技术的快速发展，传统的账务数据处理模式已难以满足现代企业的需求。因此，如何利用先进的信息技术手段，优化账务数据处理流程，提高财务核算的自动化、智能化水平，已经成为智能会计系统设计中亟待解决的问题。

1. 保证原始数据的真实性、完整性和规范性

在智能会计系统中，保证原始数据的真实性、完整性和规范性可以通过多种技术手段来实现。例如，利用OCR技术，可以自动识别和提取纸质凭证上的关键信息，将其转化为标准化的电子数据；利用区块链技术，可以对每一笔账务数据进行加密和验证，确保其不被篡改；利用大数据分析技术，可以对海量的账务数据进行实时监控和异常检测，及时发现和纠正错误。通过这些技术的综合运用，智能会计系统能够从源头上保证账务数据的真实性、完整性和规范性，为后续的处理奠定坚实的基础。

2. 对账务数据进行规范化处理，使其符合企业的会计准则和财务制度

系统在设计时，要充分考虑不同行业、不同企业的账务处理特点，灵活配置各项业务规则和流程参数。例如，对于一般纳税人企业，系统需要自动计算

和处理增值税、所得税等税务事项；对于外贸企业，系统需要支持多币种核算和汇兑损益的计算；对于制造业企业，系统需要与存货管理、成本核算等模块紧密集成。只有在综合考虑企业实际需求的基础上，对账务处理流程进行精细化设计，才能保证系统的适用性和可扩展性。

3. 进行科学的分类和汇总，为编制财务报表提供数据支持

传统的会计核算通常采用借贷记账法，将每一笔业务数据分别记入相应的账户，再通过试算平衡、结转损益等步骤，形成资产负债表和利润表。这一过程不仅烦琐耗时，而且容易出错。智能会计系统可以根据预先设定的科目体系和核算规则，自动将每一笔业务数据划分到对应的账户，并实时更新各账户的余额。同时，系统还可以根据不同的统计口径和报表格式，灵活生成各种管理报表、财务报表，满足企业内部和外部的多元化信息需求。

（三）账务数据存储

账务数据存储是智能会计系统的重要组成部分，它直接关系到系统的运行效率和数据安全。在设计账务数据存储模块时，需要综合考虑数据的特点、业务需求和技术条件等因素，构建科学合理的存储架构。

账务数据具有数据量大、更新频繁、时效性强等特点。一个企业每天都会产生大量的业务交易，这些交易数据需要被及时、准确地记录到会计账簿中。同时，为了满足财务报表编制、管理决策等需求，还要能够快速检索和汇总账务数据。因此，账务数据存储必须具备高并发处理能力和快速响应速度。

为了实现高效存储和快速检索，可以采用关系型数据库与非关系型数据库相结合的混合存储架构。其中，关系型数据库如 MySQL、Oracle 等适合存储结构化、规范化的核心账务数据，如总账、明细账、科目余额表等。这些数据的数据模型相对稳定，且具有完整性约束要求，使用关系型数据库可以很好地保证数据的一致性。而对于一些半结构化或非结构化的账务数据，如原始凭证影像、财务报表等，则可以使用 MongoDB、HBase 等非关系型数据库进行存储。这类数据库具有灵活的数据模型和水平扩展能力，能够有效应对账务数据快速增长的挑战。

在设计存储架构时，要充分利用内存计算、分布式存储等先进技术，进一步提升系统性能。例如，可以使用 Redis 等内存数据库作为热点账务数据的缓存，加快数据读取速度；使用 Hadoop、Spark 等大数据平台对历史账务数据进

行离线分析和挖掘，为企业提供更全面、深入的财务洞察。

二、智能会计系统的报表生成模块设计

（一）报表模板设计

报表模板设计是智能会计系统报表生成模块的重要基础。设计科学、合理的报表模板，不仅能够提高报表生成的效率和准确性，还能够满足不同管理层级和业务部门的多样化信息需求。

1. 遵循标准化和个性化相结合的原则

一方面，报表模板应符合会计准则、税法等相关规定，在格式、内容上保持一致性和规范性。这不仅有利于企业内部财务管理的标准化，也便于外部监管机构的审查和监督。例如，资产负债表、利润表等主要财务报表的格式和内容，就需要严格按照会计准则的要求进行设计。另一方面，报表模板要兼顾企业自身的特点和管理需求，体现出一定的个性化和灵活性。不同行业、不同规模的企业，其财务管理的重点和信息需求往往存在差异。报表模板设计应充分考虑这些差异，提供定制化的报表模板，以满足企业的特定管理需求。

2. 考虑报表的可视化呈现

传统的财务报表往往以表格形式呈现，数据密集，格式单一，不利于管理层快速把握关键信息。然而，智能会计系统可以利用数据可视化技术，将财务数据转化为直观、生动的图表。例如，系统可以将财务数据自动生成收入趋势图、成本构成饼图等，以直观的方式展示企业的财务状况和经营成果。这种可视化的报表呈现方式，不仅能够提高报表的可读性和吸引力，也有助于管理层快速洞察问题，作出科学决策。

3. 注重报表的交互性和自助性

传统的财务报表生成流程复杂，往往需要财务人员的大量参与和操作，而智能会计系统可以通过友好的用户界面和交互设计，让非财务专业的管理人员也能够方便地生成和查询所需报表。例如，系统可以提供报表模板的自定义设置功能，允许用户根据自己的需求调整报表的内容和格式。又如，系统可以提

供多维度的数据钻取功能，让用户能够从宏观到微观，深入分析财务数据。这种自助式的报表生成模式，不仅提高了财务信息的时效性和准确性，也极大地减少了财务人员的工作量。

（二）报表数据汇总

报表数据汇总是智能会计系统中一项关键的功能模块，它直接影响到企业管理决策的科学性和有效性。在传统的会计信息系统中，报表数据往往来自不同的业务系统和数据源，因此存在格式不一、口径不同、时效性差等问题。这不仅增加了会计人员的工作量，还容易导致数据失真、报表延迟等风险，影响管理层对企业经营状况的准确把控。

智能会计系统中的报表数据汇总模块，应充分利用大数据、云计算等现代信息技术，实现数据的自动采集、清洗、整合和加工。一方面，系统可以与企业内部的 ERP、CRM、SCM 等业务系统进行无缝对接，自动提取各类业务数据，并按照统一的格式和标准进行归集；另一方面，系统可以连接外部的行业数据库、政府公开数据等，获取企业经营环境的宏观信息。通过智能化的数据处理算法，系统能够快速甄别数据异常和错漏，保证数据的准确性和一致性。

在数据汇总的基础上，智能会计系统应支持对报表数据进行多维度、多层次分析。传统的财务报表通常以表格形式呈现，数据维度单一，分析深度有限。然而，智能会计系统可以利用 OLAP、数据可视化等技术，从时间、地域、产品、客户等多个维度对数据进行切片和切块，并生成饼图等直观的可视化图表。决策者可以通过钻取、旋转等交互式操作，深入探索数据背后的趋势和规律，及时发现经营管理中的问题。

三、智能会计系统的智能分析模块设计

（一）趋势分析

趋势分析是智能会计系统的一个重要模块，旨在利用大数据技术和人工智能算法，揭示财务数据中蕴含的潜在规律和发展趋势。通过对历史数据的回溯分析和对未来的预测预警，趋势分析能够为企业的财务决策提供科学、准确的依据，帮助管理者把握市场机遇，防范经营风险。

1. 对企业财务指标的纵向和横向比较

纵向比较是指分析企业某一财务指标在不同时期的变化情况，揭示其发展规律。例如，通过对近五年销售收入的纵向比较，可以判断企业的业务增长是否健康、稳定。横向比较是指将企业的财务指标与同行业其他公司的财务指标进行对比，评估自身的相对优势和劣势。这有助于企业准确定位自身的行业地位，制定更具针对性的发展战略。

2. 财务预测和情景模拟

基于对历史数据的挖掘和机器学习算法的训练，系统可以对企业未来一定时期内的财务状况做出合理预测，并生成直观的趋势图和报表。管理者可以据此及早采取应对措施，防范潜在的财务风险。此外，情景模拟功能允许用户设置不同的参数条件，推演各种可能的未来情景，从而选择最优的决策方案。例如，财务人员可以通过调整销售增长率、毛利率等关键参数，分析其对企业现金流、利润的影响，制定更加稳健的财务预算。

3. 异常数据的识别和预警

通过设置合理的阈值条件和预警规则，系统可以自动标记出销售额骤降、应收账款激增等反常数据，并向管理者发出预警信号。这种实时监控和风险提示，有助于企业快速响应市场变化，及时调整经营策略。例如，如果系统发现某个客户的应收账款余额持续攀升，就可能意味着其资金状况恶化，容易出现违约风险。财务部门可以据此采取更为审慎的信用政策，控制坏账损失。

（二）风险预测

风险预测是智能会计系统的一项关键功能，它利用大数据分析和人工智能算法，对企业面临的各种财务风险进行及时、准确的识别和预警。在当前经济形势复杂多变、不确定性因素增加的背景下，风险预测在帮助企业防范风险、保障财务安全方面发挥着越来越重要的作用。

从技术层面来看，智能会计系统中的风险预测模块通常采用机器学习算法，如决策树、支持向量机、神经网络等，对海量财务数据进行深度挖掘和分析。通过训练历史数据，这些算法能够自动学习风险特征，构建起精准的风险预测模型。当新的财务数据输入系统时，风险预测模块能够根据已有的模型快速判断风险等级，并生成直观、易懂的风险报告，为企业管理层的决策提供参考。

与传统的风险管理方法相比，智能会计系统的风险预测功能具有明显优势。首先，它能够处理海量、异构的财务数据，涵盖企业经营的方方面面，大大提高风险识别的全面性和准确性。其次，智能算法能够从数据库中自动提取风险特征，不断优化预测模型，使得风险预测的时效性和智能化水平不断提高。最后，风险预测与账务处理、报表生成等其他功能紧密集成，形成了完整的风险管理闭环，风险应对的协同性和连贯性更强。

从管理实践来看，智能会计系统的风险预测功能正在重塑企业的风险管理流程。财务人员借助系统的风险预警，能够及时发现存在的潜在风险，并快速做出反应，主动采取措施规避或化解风险。这种前瞻性、主动性的风险管理模式，有效避免了风险的累积和扩大，从而最小化风险事件对企业经营的影响。管理者还可以通过系统生成的风险分析报告，洞察风险形成的深层次原因，优化内部控制和治理结构，从源头上提升风险防控能力。

四、智能会计系统的内部控制与审计模块设计

（一）内部控制流程

内部控制是现代企业管理的重要组成部分，是企业实现经营目标、提高运营效率、防范经营风险的重要保证。在智能会计系统中，内部控制流程的设计与实施尤为关键。一方面，智能会计系统通过自动化、智能化的方式处理海量的财务数据，极大地提高了会计信息处理的效率和准确性；另一方面，智能会计系统的复杂性也可能带来新的内控风险。因此，智能会计系统的内部控制流程设计应立足于系统特点，遵循内部控制基本原则，全面识别和评估内部控制风险，构建起严密、高效、可靠的内控防线。

首先，智能会计系统内部控制流程设计应注重全面性原则。内部控制应当渗透到智能会计系统运行的全过程和各个环节，涵盖账务处理、报表生成、预算管理、税务处理、数据分析等所有功能模块。在梳理业务流程、数据流程的基础上，识别关键控制节点，明确控制目标和控制措施，形成全方位、无死角的内控网络。例如，在账务处理环节，应当设置系统权限控制，明确各岗位职责和操作权限，预防越权操作风险；同时，嵌入自动对账、余额核对等控制程序，确保账务处理的准确性和及时性。又如，在报表生成环节，应当建立报表

模板规范和审批机制，明确报表编制、复核、批准的流程和职责，确保报表内容的真实性、准确性、完整性。

其次，智能会计系统内部控制流程设计应坚持重要性原则，聚焦影响企业财务状况、经营成果的关键业务领域和重要风险点。通过风险评估，识别对财务报告可靠性、资产安全完整性、经营合规性具有重大影响的因素，有针对性地制定控制措施。例如，预算管理是影响企业经营目标实现的关键环节，内部控制应重点关注预算编制的科学性、预算执行的有效性、预算调整的严肃性。可以在智能会计系统中嵌入预算编制辅助工具，提高预算编制的规范性和针对性；建立预算执行实时监控机制，动态跟踪预算执行进度，及时预警和纠偏；对于预算调整，应当严格审批流程，充分论证调整的必要性和合理性，防止出现随意调整、层层上报等问题。

再次，智能会计系统内部控制流程设计应遵循制衡性原则，合理设置不相容岗位，建立相互监督、相互制约的工作机制。在传统的人工会计环境下，通过岗位分离实现内控制衡，如将出纳与稽核分设，将制单、复核、记账、支付等环节相互隔离。在智能会计系统中，虽然一些制衡机制可以通过系统控制来实现，但仍需注重人机协同下的内控制衡。例如，系统可以设置复核岗位和稽核岗位，对系统生成的原始凭证、记账凭证、财务报表等进行抽查和稽核，发现问题及时处置和问责。同时，还应当定期开展内部控制自评和内部审计，利用大数据分析等技术手段，从海量业务数据中甄别异常信息，揭示内控薄弱环节，持续改进内控设计。

最后，智能会计系统内部控制流程设计应体现适应性原则，既要符合内部控制基本规范和指引，又要契合企业自身业务特点和管理需求。不同行业、不同企业面临的经营风险不尽相同，内控重点和难点也各有差异。因此，在设计智能会计系统内控流程时，应当立足于企业的行业特征、业务模式、组织结构等，从全局视角出发，统筹兼顾，制定切实可行的控制策略和实施路径。例如，对于业务链条长、涉及环节多的制造业企业，可以将内部控制嵌入供应链管理、成本核算等关键业务系统中，实现业财一体化管控；而对于科技创新型企业，应重点加强研发项目预算管理、知识产权保护等方面的内控设计，提高创新资源配置效率，规避创新风险。

（二）审计报告生成

审计报告生成是智能会计系统内部控制与审计模块的重要功能，其核心在于利用信息技术手段，自动采集、整合、分析相关财务数据，并根据预设的审计规则和模型，形成客观、准确、全面的审计报告。这一过程不仅能够提高审计工作的效率和质量，还有助于增强内部控制的有效性，防范财务风险，促进企业规范运作。

从技术实现层面来看，审计报告生成功能的开发需要综合运用大数据、人工智能等前沿技术。首先，智能会计系统需要与企业各业务系统实现数据互联互通，建立起完整、准确的财务数据库。这为后续的数据分析和审计报告生成奠定了基础。其次，系统需要内置一系列审计算法和模型，如异常值检测、关联规则挖掘、财务指标分析等，通过对海量数据进行智能分析，发现潜在的问题和风险点。最后，系统需要设计合理的报告模板和展现方式，以直观、易懂的形式呈现审计结果，为管理层决策提供有力支撑。

从应用价值来看，审计报告生成功能的实现具有多方面的积极意义。一方面，它能够实现审计工作的自动化、智能化，大幅提高审计效率，减轻审计人员工作负担。传统的审计模式往往依赖人工操作，耗时费力，而智能化的审计报告生成功能可以在短时间内完成大量复杂的分析任务，使审计人员从烦琐的数据处理中解放出来，将更多精力投入审计策略的优化和审计结果的应用中。

另一方面，智能生成的审计报告能够提供更加全面、客观的分析视角，为企业内部控制和风险管理提供有力抓手。传统审计报告往往侧重于历史数据的回顾性分析，而智能审计报告可以充分利用大数据技术，从海量数据中挖掘出有价值的信息，预防潜在风险，提出前瞻性的改进建议。这将有助于企业管理层及时发现内控薄弱环节，采取有针对性的防范措施，从而增强企业风险防控能力，提高经营管理水平。

第三节　智能会计系统的运维

一、智能会计系统的测试

（一）功能测试

功能测试是智能会计系统开发中不可或缺的重要环节，其目的在于全面检验系统的功能是否符合设计要求和用户需求。通过系统、周密的功能测试，开发团队能够及时发现并修复系统中存在的缺陷和错误，确保系统的正确性、完备性和可用性，为系统的成功上线和稳定运行奠定坚实的基础。

从测试内容的角度来看，智能会计系统的功能测试通常包括模块测试、集成测试和系统测试等多个层次。模块测试聚焦于系统中各个功能模块的独立测试，如总账管理、报表生成、财务分析等。测试人员需要根据模块的设计文档和需求说明，设计全面的测试用例，覆盖模块的各种输入组合和边界条件。通过模块测试，能够验证每个功能模块的正确性和健壮性，为后续的集成测试和系统测试扫清障碍。

在模块测试的基础上，集成测试关注各功能模块之间的接口和交互。智能会计系统中的各个模块并非孤立存在，而是通过复杂的调用关系和数据流动形成一个有机整体。集成测试的任务就是检查这些模块在协同工作时是否表现出预期的行为，数据在模块间传递时是否完整、准确、一致。只有通过集成测试，才能揭示模块之间可能存在的问题，如接口不兼容、调用顺序错误、数据格式不一致等，进而指导开发团队进行有针对性的修复。

在系统层面，功能测试的重点在于端到端的业务流程和用户场景。测试人员需要从用户角度出发，模拟各种真实的业务操作，如记录凭证、生成财务报表、进行预算控制等，检查系统的功能是否满足实际工作需求。这就要求测试不仅要覆盖主流程，还要兼顾各种异常分支和特殊情况。同时，系统测试还需要关注非功能性需求的满足情况，如性能、安全性、可用性等。只有经过全方位、多角度的系统测试，才能让智能会计系统真正满足会计工作的需要，成为企业财务管理的有力工具。

从测试方法的角度来看，智能会计系统的功能测试通常采用黑盒测试与白盒测试相结合的策略。黑盒测试也称功能测试，它把被测系统看作一个黑盒子，只关注输入和输出，不考虑内部逻辑。通过设计不同的输入组合，检查系统的输出是否符合预期，黑盒测试能够评估系统的功能是否完备、运行是否正常。与之相对，白盒测试又称结构测试或逻辑驱动测试，它以程序内部的逻辑结构为出发点，设计覆盖各种语句、判定、条件的测试用例。白盒测试能够揭示程序内部可能存在的缺陷，如逻辑错误、数据使用错误等，是对黑盒测试的有益补充。只有将两者有机结合，才能全面而深入地考察智能会计系统的功能实现质量。

（二）性能测试

性能测试是智能会计系统设计与实现过程中不可或缺的环节，其目的是全面评估系统在实际应用场景下的性能表现，发现潜在的性能瓶颈和问题，为系统优化提供依据。性能测试通常包括响应时间测试、并发用户测试、数据处理能力测试等多个方面，需要针对系统的关键业务流程和典型使用场景进行系统、细致的测试。

在进行智能会计系统性能测试时，要明确性能指标。常见的性能指标包括响应时间、吞吐量、资源利用率等。响应时间反映了系统对用户请求做出响应的速度，是衡量系统性能的重要指标。吞吐量表示系统在单位时间内能够处理的请求数或事务数，体现了系统的并发处理能力。资源利用率反映了系统运行过程中对 CPU、内存、磁盘等资源的占用情况，过高的资源利用率往往意味着系统存在性能问题。在确定性能指标后，测试人员需要根据系统的业务特点和用户使用习惯，设计出覆盖典型场景的测试用例，并制定明确的性能目标，如登录响应时间不超过 2 秒、单位时间内能够处理 1000 次财务报表查询请求等。

在设计性能测试方案时，要充分考虑智能会计系统的技术架构和部署环境。现代智能会计系统大多采用前端和后端分离的架构，前端通过 HTTP 协议与后端进行交互。因此，在进行性能测试时，要重点关注前端页面的加载速度、后端接口的响应时间以及两者之间的网络传输效率。同时，由于智能会计系统通常部署在云环境或者分布式集群中，还需要对不同节点之间的通信效率、负载均衡策略等进行测试，以验证系统能否在高并发、大流量的情况下平稳运行。

性能测试结果的分析和应用是提升智能会计系统性能的关键。通过对比测试结果与预期性能目标，可以客观评估系统的性能水平，找出未达标的指标项，再通过分析 CPU 利用率、内存占用、I/O 等底层指标，结合代码审查和架构优化，定位性能问题的根源。常见的性能优化措施包括使用缓存提高数据访问速度、优化数据库查询语句、升级硬件配置等。优化后，还需要进行回归测试，确保优化措施能够切实提升系统性能，同时不会引入新的缺陷。

（三）安全测试

安全测试是智能会计系统设计与实现过程中不可或缺的重要环节，它旨在全面评估系统的安全性能，发现并修复潜在的安全漏洞，确保系统能够抵御各种恶意攻击和非法入侵，保障用户数据和财务信息的机密性、完整性和可用性。在智能会计系统中，安全测试的重要性尤为突出。这是因为智能会计系统通常涉及大量敏感的财务数据和个人信息，一旦发生数据泄露或被恶意篡改，将给企业和个人带来巨大的经济损失和声誉危机。同时，智能会计系统还与企业的财务管理、业务运营等核心流程息息相关，其安全性直接关系到企业的正常运转和长远发展。因此，对智能会计系统开展全面、深入的安全测试，构建严密的安全防护体系，已经成为系统开发者和使用者共同关注的焦点。

从技术层面来看，智能会计系统的安全测试需要覆盖多个方面。首先是身份认证和访问控制机制的测试。这是系统安全的第一道防线，要确保只有通过授权的用户才能访问系统，并且不同的用户角色拥有不同的操作权限。其次是数据加密和传输安全的测试。智能会计系统往往需要在互联网环境下运行，大量敏感数据在网络中传输，因此必须采用强大的加密算法和安全传输协议，防止数据在传输过程中被窃听或篡改。再次是系统抗攻击能力的测试。这包括对常见的攻击手段如 SQL 注入、跨站脚本攻击、拒绝服务攻击等进行模拟，检验系统能否有效地检测和阻断这些攻击。最后还要测试系统的容错能力和故障恢复机制，确保在软硬件故障、网络中断等意外情况发生时，系统能够快速恢复运行，避免数据丢失或服务中断。

除了技术层面的测试，智能会计系统的安全测试还需要从管理和制度层面入手。这包括对系统开发、运维、使用等各个环节的安全管理制度和流程进行梳理和审核，确保其符合相关的法律法规和行业标准。同时，还要加强对系统用户的安全意识教育和培训，提高其识别和防范安全风险的能力。只有实现技术手段和管理措施两手抓，并且两手都要硬，才能真正构筑智能会计系统的安全防线。

二、智能会计系统的更新与升级

（一）更新流程

智能会计系统的更新是一个持续不断、动态演进的过程。随着信息技术的飞速发展和会计准则的不断完善，系统需要及时更新以适应新的需求和挑战。一套科学、规范的更新流程，是确保智能会计系统稳定运行、持续优化的关键。

从需求分析入手，是智能会计系统更新流程的第一步。会计人员、管理者、IT 专业人士需要进行密切沟通，深入了解业务发展、政策变化带来的新需求。这些需求可能涉及财务核算、管理会计、税务筹划等多个方面，需要系统地收集、分析和评估。只有准确地把握需求，才能为后续更新奠定坚实的基础。

在需求明确后，更新流程进入设计与开发阶段。系统架构师和开发人员需要根据新需求，对原有系统进行适当调整和优化。这可能涉及数据库结构的重组、业务逻辑的重构、用户界面的改进等多个层面。在设计和开发过程中，需要特别注重系统的可扩展性、可维护性和安全性。良好的系统架构和规范的编码实践，能够显著提升智能会计系统应对未来变化的能力。

测试与验证是智能会计系统更新流程中极其关键的一环。在新版本系统正式上线前，必须经过严格、全面的测试，包括功能测试、性能测试、安全测试、兼容性测试等多个方面。测试过程需要尽可能模拟真实的业务场景，检验系统在各种条件下的运行状况。同时，还需要由会计专业人士对系统进行业务验证，确保各项功能能够满足会计核算和财务管理的要求。只有通过层层把关、反复检验，才能为系统的稳定运行提供可靠保障。

系统更新的最后一步，是新版本的正式发布和应用推广。这一阶段需要制订周密的发布计划，选择恰当的时机，尽可能降低对正常业务运营的影响。与此同时，还需要开展系统的培训和推广工作。通过培训，帮助会计人员尽快熟悉新系统的功能和操作流程；通过推广，让智能会计系统的优势和价值被更多人认识和接受。只有新系统被广泛应用，其效益才能真正得以体现。

（二）升级注意事项

智能会计系统升级是一个复杂而精细的过程，需要从技术、业务、用户等多个维度进行综合考量。在实施升级前，必须认真评估现有系统的功能缺陷和性能瓶颈，明确升级的必要性和可行性。同时，还要全面梳理升级可能带来的影响，制订周密的应对方案，尽最大努力降低升级风险，确保业务的连续性。

从技术角度来看，智能会计系统升级涉及软硬件环境、数据迁移、接口调整等诸多因素。为了保证升级的顺利进行，技术团队需要提前对目标版本进行充分的测试和验证，排查潜在的兼容性问题和安全隐患。在升级过程中，要严格按照预定方案执行，做好每一个环节的监控和记录，及时发现和解决突发问题。升级完成后，还需要对系统进行全面的回归测试，验证其功能的完整性和正确性。只有通过层层把关、环环相扣的质量控制，才能确保智能会计系统升级后的稳定运行。

从业务角度来看，智能会计系统升级往往意味着业务流程的优化和再造。这就要求企业在升级之前，对现有的业务模式和管理体系进行系统梳理，识别出可以借助新技术实现突破的领域和环节。在业务流程优化的过程中，要充分吸收一线员工的意见和建议，确保优化方案的可操作性和接受度。同时，业务部门还要积极配合技术团队，参与升级方案的设计和测试，并及时提出业务需求和优化建议。只有业务与技术的深度融合、协同发力，才能真正发挥智能会计系统升级的潜在价值。

从用户角度来看，智能会计系统升级最终要服务于广大的财务工作者。因此，在升级过程中，必须充分考虑用户的实际需求和使用习惯，最大限度地降低升级对其工作的影响。这就要求企业在升级之前，通过多种渠道收集用户的意见和反馈，了解其对系统功能、性能、界面等方面的期望和诉求。在升级过程中，要做好用户的沟通和引导工作，及时发布升级公告，组织培训演练，帮助用户尽快适应新系统的操作逻辑和界面布局。升级完成后，还要持续跟踪用户的使用情况，通过热线支持、远程协助等方式，及时解决用户遇到的操作难题，不断提升用户体验感和满意度。

（三）版本管理

随着系统功能的不断丰富和业务需求的频繁变更，系统版本也在不断迭代更新。如何有效地管理这些版本，确保系统的稳定性、可靠性和可维护性，已经成为智能会计系统运维团队面临的重大挑战。

1. 降低系统更新过程中的风险和故障

通过对不同版本的源代码、配置文件、数据库脚本等进行系统化的管理，运维人员可以准确地追踪每一次变更，了解其影响范围和潜在风险。这不仅有助于问题的快速定位和解决，也为系统回滚、故障恢复提供了可靠的依据。版本管理工具如 Git、SVN 等，为这一过程提供了强大的技术支撑。运维人员可以利用这些工具，对系统的整个生命周期进行全面、细粒度的管控。

2. 保证智能会计系统高质量交付

通过建立严格的版本发布流程和质量控制机制，运维团队可以有效避免缺陷代码和配置错误的引入，从源头上保障系统的稳定运行。常见的做法包括代码评审、自动化测试、预发布环境验证等。每一个新版本的发布，都要经过层层把关、反复测试，确保其达到预期的功能和性能要求。版本发布管理工具可以帮助团队实现自动化、标准化这一过程，大大提高了版本交付的效率和质量。

三、智能会计系统的运维监控与日志管理

（一）监控工具

智能会计系统运维的一个重要组成部分是建立完善的监控体系，及时发现和解决系统运行中出现的各类问题。针对智能会计系统的特点，我们需要从多个维度入手，制订全方位、多层次的监控方案。

首先，应重点关注系统的性能指标，如CPU使用率、内存占用、磁盘I/O等。通过实时采集这些指标数据，并设置合理的阈值，我们可以及时发现系统资源利用率过高、响应时间变长等异常情况。当指标超出预设范围时，监控系统应自动触发告警，通知运维人员介入处理。例如，当某个核心服务节点的CPU使用率持续高于90%时，很可能预示着潜在的性能瓶颈，需要尽快排查原因并采取优化措施。

其次，日志监控是智能会计系统运维不可或缺的一环。通过收集应用程序、中间件、数据库等各个组件的运行日志，我们能够全面掌握系统的运行状态，快速定位故障发生的时间、位置和原因。依托大数据分析技术，我们可以从海量日志中挖掘出异常模式，主动识别系统存在的隐患。例如，在业务高峰期频繁出现数据库查询超时错误，经过日志分析发现是由于某些SQL语句性能低下导致，这就为我们优化数据库查询提供了明确方向。

再次，端到端的业务流程监控必不可少。智能会计系统通常涉及多个业务模块和流程环节，仅关注单个组件的运行状况是不够的。我们需要从用户的角度出发，监测整个业务流程的完整性和连贯性。以用户登录为例，监控系统应跟踪从用户提交登录请求到最终返回认证结果的全过程，记录各个环节的响应时间和执行结果。一旦发现某个环节出现异常，如用户信息校验总是失败，就应及时触发告警并展开排查。这种端到端的监控有助于我们深入了解业务运转全貌，保障关键业务流程顺畅运行。

最后，智能会计系统需要兼顾安全监控的要求。作为涉及敏感财务数据的系统，我们必须时刻警惕可能出现的恶意入侵和数据泄露风险。这就需要在系统外围部署严密的安全监控措施，如入侵检测系统、Web应用防火墙等。一旦监测到可疑的网络活动，如暴力破解、SQL注入尝试等，监控系统就会立即发出警报，并根据预案采取阻断、隔离等应对措施。与此同时，我们还要重视内

部用户行为的监控，防范潜在的内鬼威胁。通过对用户操作日志的细粒度审计分析，我们可以发现异常的数据访问和修改行为，及时采取措施防范数据泄露和财务舞弊等风险。

（二）日志分析

日志分析是智能会计系统运维监控的重要组成部分，它通过收集、处理和分析系统运行过程中产生的日志数据，为系统管理员提供及时、准确、全面的运行状态信息。日志分析不仅能够帮助管理员及时发现和定位系统故障，还能为系统优化、安全防护提供数据支撑。因此，构建高效、智能的日志分析机制，对于保障智能会计系统的稳定运行具有重要意义。

智能会计系统在运行过程中会产生大量的日志数据，包括系统日志、应用日志、访问日志等。这些日志数据蕴含着丰富的系统运行状态信息，但由于数据量巨大、格式多样，人工分析难度很大。因此，需要借助专业的日志分析工具，对日志数据进行自动化采集、解析和分析。

日志分析的核心是通过对日志数据的挖掘和关联分析，发现系统运行过程中的异常情况和潜在风险。例如，通过分析应用日志，可以发现某个功能模块的响应时间突然变长，预示着可能存在性能瓶颈；通过分析访问日志，可以发现某些 IP 地址的访问频率异常，可能是遭受了攻击。日志分析还能够基于机器学习算法，自动识别日志中的异常模式，实现智能化的故障预警和诊断。

除用于故障定位和问题排查外，日志分析还是系统优化的重要依据。通过对日志数据的统计和趋势分析，可以洞察系统的资源使用情况、用户行为特征等，为系统架构优化、功能改进提供数据支撑。例如，通过分析访问日志，可以发现某些功能的使用频率很低，进而考虑简化或移除；通过分析资源利用率数据，可以发现某些服务器的 CPU、内存等资源利用不均衡，进而优化部署架构。

（三）异常处理

智能会计系统作为一个复杂的信息化平台，在实际运行过程中难免会出现各种异常情况。这些异常可能源于硬件故障、软件缺陷、网络中断，也可能是操作失误、数据错误等人为因素引起的。无论发生异常的原因如何，及时发现并有效处理这些异常，对于保障系统的稳定运行、数据的安全完整都具有至关重要的意义。

从技术层面来看，智能会计系统需要构建完善的异常处理机制，覆盖从异常检测、识别到响应、恢复的全过程。首先，系统应该能够实时监控各个模块、组件的运行状态，通过日志分析、阈值告警等手段及时发现潜在的异常情况。同时，还需要针对不同类型的异常制定明确的判断标准和识别规则，做到精准定位问题所在。其次，一旦发现异常，系统就要立即启动预设的处理流程，根据异常的严重程度采取相应的措施。对于一些轻微异常，系统可以尝试自动修复或重启相关服务，而对于严重异常，需要立即向管理员发出告警，并采取主动防御措施，如切断外部网络、锁定关键数据等，避免问题进一步扩大。最后，系统还应该具备事后恢复和追溯的能力，在异常解决后尽快恢复业务，同时为事后分析提供完整的日志和现场信息，找出问题的根源所在，并持续优化改进。

从管理层面来看，应对智能会计系统的异常还需要制订科学完善的应急预案和操作规范。一方面，要制订面向各种典型异常情景的处置预案，明确处理流程、责任人员、沟通机制，确保在异常发生时能够做到快速响应、有序开展工作；另一方面，还需要加强对系统管理员、操作人员的技能培训和考核，提高其应对异常的意识和能力。必要时，还可以通过定期演练等方式，检验应急预案的可行性和有效性。此外，管理者还应该高度重视异常处理的经验总结和反思改进，定期回顾总结异常案例，梳理其中的经验教训，并据此持续完善异常处理机制和应急预案，做到由被动向主动转变，由经验向制度、流程转变。

四、智能会计系统的灾难备份与应急策略

（一）备份方法

智能会计系统的数据安全和业务连续性是确保系统平稳运行的关键。在系统的设计与实施过程中，必须高度重视数据备份与恢复机制的构建，为系统应对各种意外情况提供有力保障。

数据备份是指将系统中的关键数据复制并存储到其他存储设备或远程服务器上，以便在系统发生故障或数据丢失时能够及时恢复。对于智能会计系统而言，需要备份的数据通常包括会计凭证、账簿、报表等核心财务数据以及系统配置信息、用户权限设置等关键元数据。备份的频率和策略应根据数据的重要程度和变更频率来确定。对于实时性要求较高的数据，如销售交易记录，可采

用实时备份或高频率的增量备份；而对于变更较少的数据，如会计科目设置，可采用低频率的全量备份。

在选择备份方式时，需要综合考虑数据量、备份时间窗口、网络带宽等因素。全量备份是指每次备份都复制所有数据，恢复时只需要最近一次备份即可。这种方式实现简单、恢复速度快，但备份时间长、存储空间占用大。增量备份是在初次全量备份的基础上，只复制上次备份后发生变化的数据。这种方式备份时间短、存储空间占用小，但恢复时需要依次应用多个增量备份，恢复速度相对较慢。在实际应用中，通常采用全量备份与增量备份相结合的策略，定期进行全量备份，在两次全量备份之间进行增量备份，以兼顾备份效率和恢复速度。

（二）应急预案

在日益数字化和网络化的商业环境下，各类信息系统已成为企业运营的核心支撑。一旦这些系统遭遇自然灾害、硬件故障、网络攻击等意外情况，企业的正常运转就会受到严重影响，甚至可能导致巨大的经济损失和声誉损害。因此，制定科学、可行的灾难恢复与备份策略，确保关键数据和业务流程的连续性，已经成为企业信息化建设中不可或缺的一环。

1. 以全面的风险评估为基础

企业需要系统梳理可能影响智能会计系统的各类风险因素，如自然灾害、硬件故障、网络攻击、人为失误等，评估其发生的可能性和潜在影响，并据此确定应急预案的重点。例如，对于地处地震、洪水多发区的企业，应重点关注异地备份和容灾方案；对于涉及大量在线交易的企业，则应更加关注网络安全和实时数据同步。只有基于科学的风险评估，应急预案才能有的放矢，最大限度地降低灾难带来的损失。

2. 明确规定灾难发生后的响应流程和恢复步骤

一旦智能会计系统遭遇灾难，企业需要快速启动应急响应机制，及时止损并开展恢复工作。这就要求应急预案中要明确界定灾难事件的等级和判断标准，规定不同等级灾难的响应流程和责任人，确保在灾难发生后能够有条不紊地开展工作。同时，还要制定详细的系统恢复步骤，包括硬件抢修、数据恢复、系统重建等，确保在最短时间内恢复关键业务功能，将损失降到最低。

3. 与备份策略紧密结合，确保数据和系统的可恢复性

数据备份是应对灾难的重要手段，但如何备份、备份什么、备份到哪里，都需要在应急预案中予以明确。一般来说，智能会计系统的数据备份应采用本地备份与异地备份相结合的方式，既要确保备份数据的安全性，又要兼顾恢复的便捷性。同时，备份的频率和数据粒度也要根据会计业务的特点来确定。例如，对于实时性要求较高的业务数据，可能需要进行实时备份或高频率备份；对于档案性的历史数据，则可以采用周期性备份。备份策略的科学性直接决定了企业应对灾难的能力，因此必须审慎设计。

4. 重视人员培训和定期演练

再完善的应急预案，如果没有得到有效执行也是无效的。因此，企业要定期开展应急预案的培训和演练，确保相关人员熟悉流程、明确职责。培训可以采用讲解、案例分析、实操演示等多种形式，增强员工的风险意识和应急处置能力。演练要尽可能模拟真实场景，检验应急预案的可操作性，发现并及时修正其中的问题。只有通过持续的培训和演练，应急预案才能真正发挥作用，帮助企业提高应对灾难的能力。

第三章　智能会计在财务管理中的应用实践

第一节　智能会计在财务预算管理中的应用实践

一、智能会计在财务预算编制中的应用

（一）数据收集与处理

数据收集与处理是智能会计在财务预算编制中应用的关键环节。随着大数据时代的到来，企业可获取的数据种类和数量呈爆炸式增长。传统的人工方式已难以应对如此庞大、复杂的数据，亟须引入智能化手段进行辅助。智能会计正是顺应这一趋势应运而生的。它综合运用大数据、云计算、人工智能等现代信息技术，大幅提高了财务数据处理的效率和准确性。

在数据收集阶段，智能会计能够自动对接企业内外部的各类数据源，如 ERP 系统、CRM 系统、银行对账单等，实现数据的无缝集成和同步更新。借助 RPA 等智能化工具，原本需要财务人员花费大量时间手工录入的数据，现在可以实现自动采集和归类，极大地节约了人力成本。同时，OCR、NLP 等人工智能技术的应用，还可以将非结构化数据（如发票、合同等）转化为结构化数据，纳入财务分析的范畴。

在数据处理阶段，智能会计展现出更加显著的优势。面对海量、高维度的财务数据，传统的 Excel 等工具往往捉襟见肘。而智能会计通过机器学习算法，能够快速识别数据中的模式和异常，自动生成多维度的分析报告。例如，智能会计可以运用聚类、关联分析等算法，发现销售数据中的关联规则和季节性特征，为制定销售预算提供有力支撑。又如，智能会计可以通过异常检测算法，及时发现并预警潜在的财务风险，如收支平衡失衡、应收账款回收困难等。财务人员可以根据系统的智能预警，迅速采取应对措施。

（二）预算编制自动化

预算编制自动化是智能会计在财务预算编制中的重要应用，它利用大数据

分析、机器学习等先进技术，实现预算编制流程的自动化和智能化。传统的预算编制工作往往需要财务人员投入大量的时间和精力，从数据收集、整理到预算方案的制订、审核，每一个环节都需要人工操作和判断。这不仅效率低下，而且容易出现失误，影响预算编制的准确性和及时性。而预算编制自动化则能够有效解决这些问题。

其一，预算编制自动化能够实现数据的自动采集和处理。通过与企业内部的 ERP、CRM 等系统对接，智能会计系统可以自动提取销售、采购、库存等各类业务数据，并进行清洗、整合和分析。这不仅可以大大减轻财务人员的工作量，而且能够保证数据的准确性和一致性，为后续的预算编制提供可靠的基础。

其二，在预算模型构建方面，智能会计系统不仅可以根据企业的业务特点和发展目标，自动选择合适的预算编制方法，如增量预算法、零基预算法等。同时，系统还能够根据历史数据和外部环境变化，自动调整预算参数和假设，使预算方案更加科学合理。这种智能化的预算模型构建能力，可以有效提升预算编制的专业性和准确性。

其三，预算编制自动化可以实现预算方案的自动生成和优化。智能会计系统通过设定预算约束条件和优化目标，能够自动生成多套可行的预算方案，并进行方案之间的比较和评估。财务人员只需要在系统推荐的方案中进行选择和调整，就可以快速形成最优的预算编制方案。这不仅可以大幅提高预算编制的效率，而且能够保证预算方案的可行性和最优性。

其四，预算编制自动化可以与预算执行、分析等环节无缝衔接。通过将预算数据自动导入预算执行和监控系统，智能会计可以实现预算执行的实时跟踪和预警，及时发现和解决预算执行中遇到的问题。同时，系统还可以自动生成预算分析报告，为管理层的决策提供依据。这种全流程的自动化和集成化，可以真正实现预算管理的闭环控制。

二、智能会计系统在财务预算控制中的应用

（一）预算差异分析

预算差异分析是智能会计系统在财务预算控制中应用的重点领域。通过运用大数据分析、机器学习等技术，智能会计系统可以快速、准确地识别预算执

行过程中的异常偏差，并深入分析其根本原因，为管理层及时调整预算、优化资源配置提供科学依据。

智能会计系统在进行预算差异分析时，首先需要采集和整合企业各部门、各业务环节的预算执行数据。这些数据通常分散在不同的业务系统和财务系统中，数据格式、口径也不尽相同。智能会计系统需要运用数据挖掘、数据清洗等技术，将这些异构数据进行标准化处理，形成一套完整、一致的预算执行数据集。在此基础上，智能会计系统可以运用统计分析、数据可视化等方法，多维度、多角度地展示预算执行情况，直观呈现各预算项目的完成进度、偏差幅度等关键信息。

对于识别出的预算偏差，智能会计系统还可以进一步运用数据挖掘算法，如关联规则、决策树等，深入分析偏差产生的原因。例如，系统可以自动关联分析销售数据、采购数据、库存数据等，判断销售预算偏差是否与采购计划执行不力、库存积压等因素相关；系统可以对比分析不同部门、不同项目的预算执行数据，判断偏差是否与内部管理效率、资源配置不均等因素相关。通过智能化的原因分析，管理层可以更加全面、准确地了解预算执行中存在的问题，以便有针对性地制定改进措施。

（二）预算控制策略

预算控制策略是智能会计在财务预算管理中的重要应用之一。通过利用大数据分析、机器学习等技术，智能会计系统能够实时监测预算执行情况，及时发现偏差，并根据预设的控制规则自动调整资源配置，确保预算目标的实现。与传统的预算控制方式相比，智能会计在预算控制中展现出诸多优势。

1. 智能会计系统能够实现预算控制的动态化和精细化

传统的预算控制往往是事后控制，只有在预算期末才能发现执行偏差，调整的时间和空间较为有限。而智能会计系统则能够通过持续性的数据采集和分析，实时掌握预算执行进度，一旦发现偏差就能立即预警，并及时采取措施加以纠正。同时，智能会计系统还能够根据业务需求和市场变化，动态调整预算，使之更加贴近实际经营情况。这种动态化、精细化的预算控制模式，有助于提高预算管理的针对性和有效性。

2. 智能会计系统可以优化预算控制的决策过程

在传统的预算控制中，管理者需要手工收集、整理各部门的预算执行数据，并根据经验做出调整决策。这一过程不仅耗时耗力，而且容易受到主观因素的影响，决策的科学性和准确性难以保证。智能会计系统则可以自动收集和处理海量的财务数据，运用机器学习算法建立预测模型，为管理者提供优化的资源配置方案。管理者只需要根据系统的建议，结合实际情况作出决策，既提高决策效率，又增强决策的客观性和合理性。

3. 智能会计系统能加强预算控制的风险管理能力

预算执行过程中存在诸多不确定性因素，如市场需求波动、成本价格变化、突发事件等，这些都可能导致预算失控，给企业经营带来风险。智能会计系统可以通过对历史数据的挖掘与分析，识别潜在的风险因素，并设置预警阈值。一旦监测到异常情况，系统就会自动触发预警，提示管理者采取应对措施。同时，智能会计系统还可以运用仿真、推演等技术，模拟各种风险场景，评估其对预算的影响，为制订风险应对预案提供依据。这种前瞻性的风险管控，有助于企业最大限度地规避和化解预算执行中的各种风险。

三、智能会计在财务预算调整中的应用

（一）预算调整流程

预算调整是企业财务管理中的重要环节，它贯穿预算执行的全过程。企业预算一经批准，并非一成不变，而是需要根据内外部环境的变化进行动态调整，以确保预算目标的实现。智能会计技术的应用为企业预算调整提供了新的思路和方法，有助于提高预算调整的科学性、及时性和有效性。

1. 全面收集和分析相关信息

传统的预算调整往往依赖人工收集和处理数据，存在信息滞后、不完整等问题。智能会计系统可以通过数据采集、数据挖掘等方式，自动获取销售、采购、生产等各个环节的实时数据，并进行智能分析和预警，为预算调整提供及时、全面的决策支持。例如，通过对销售数据的智能分析，可以及时发现市场

需求变化趋势，调整产品结构和销售策略；通过对采购数据的智能分析，可以优化采购计划，控制采购成本；通过对生产数据的智能分析，可以动态平衡产能，提高生产效率。这些都为预算调整提供了重要依据。

2. 科学决策

传统的预算调整往往依赖管理者的经验和直觉，存在主观性和盲目性。智能会计系统可以利用机器学习、优化算法等方法，建立预算调整模型，模拟不同情景下的预算执行效果，为管理者提供量化、可视化的决策参考。例如，通过建立销售预测模型，可以预测不同价格、促销策略下的销售收入，优化定价和促销决策；通过建立生产计划模型，可以在考虑产能、库存、需求等因素的基础上，制订最优生产计划，指导生产调度；通过建立资金预算模型，可以动态预测资金缺口，优化融资方案和资金调配。这些都大大提高了预算调整决策的科学性和精准性。

3. 高效执行

传统的预算调整一般采用自上而下的方式，往往存在信息传递不畅、执行不力等问题。智能会计系统可以利用工作流引擎、移动办公等工具，构建一体化的预算调整平台，实现预算调整全流程的自动化、移动化管理。例如，当预算执行偏差超出预警值时，系统可以自动触发预算调整流程，生成预算调整方案，并推送至相关责任人；调整方案经过多级审批后，自动下达至业务部门，指导业务运作；在整个过程中，各参与主体可以通过移动终端实时查看预算执行情况，并及时反馈执行结果。这样可以大大提高预算调整的效率和执行力。

4. 持续改进

单纯的预算调整并不能从根本上解决预算管理中的问题，企业需要在预算调整过程中不断总结经验教训，优化预算管理流程和方法。智能会计系统可以利用大数据分析、知识图谱等技术，深入挖掘预算管理中的规律和痛点，形成预算管理知识库和最佳实践库，为持续改进预算管理提供智力支持。例如，通过对历史预算执行数据的深度分析，可以发现预算编制、执行、调整等环节的共性问题，并提出优化建议；通过对预算调整案例的智能分类和提炼，可以总结出一系列预算调整的标准模型和最佳实践，形成可复制、可推广的预算调整方法论。这些都为企业预算管理能力的持续提升提供了坚实的基础。

（二）预算调整依据

预算调整是财务预算管理过程中的重要环节，它确保预算能够适应内外部环境的变化，为企业的健康运营提供坚实保障。一般而言，预算调整应遵循客观性、及时性和程序性等基本原则。企业应根据市场形势、经营状况等因素的变化，及时开展预算调整，使预算指标更加符合实际情况。同时，预算调整必须建立在全面分析基础之上，既要考虑各项因素的影响，也要权衡调整对企业整体财务状况的影响。

从智能会计的视角来看，预算调整的依据主要包括三个方面：一是基于大数据分析的市场环境变化。智能会计系统能够收集和处理海量的内部和外部数据，通过数据挖掘、机器学习等技术，识别市场环境中的重大变化，如消费者偏好的转变、竞争格局的改变等。这为企业及时调整预算提供了重要依据。二是基于实时监控的预算执行偏差。智能会计系统能够实时跟踪预算执行情况，通过与实际数据的对比，及时发现预算执行中的偏差。一旦偏差超出预设的阈值，系统就会自动预警，提示管理层启动预算调整程序。三是基于智能分析的经营绩效变化。智能会计系统能够综合运用财务分析、管理会计等工具，深入评估企业的经营绩效，揭示影响绩效的关键因素。当这些因素发生重大变化时，企业就需要相应地调整预算，以保持财务目标的稳定性和可达性。

预算调整必须以规范的流程为保障，确保调整的合理性和可追溯性。一般而言，预算调整流程包括申请、审核、批准、执行等环节。在智能会计环境下，这一流程可以得到进一步优化。例如，员工可以通过移动终端提交预算调整申请，系统自动进行初步审核，并根据预设规则将申请分配至相应的审批人。审批人可以在系统中查看申请的详细信息，并使用电子签名进行批准。一旦申请获得批准，系统就会自动更新预算数据，并将调整结果通知相关部门。整个流程全程电子化、自动化，大大提高了预算调整的效率和准确性。

四、智能会计在财务预算分析中的应用

（一）预算数据分析

随着大数据时代的到来，企业积累的财务数据日益庞大，传统的人工分析方法已难以满足预算管理的需求。智能会计系统的出现为预算数据分析提供了

新的解决方案，它能够快速处理海量数据，深入挖掘数据价值，为预算管理决策提供科学依据。

1. 智能会计可以实现数据的自动采集和集成

传统的预算管理往往需要财务人员手工收集、录入各部门的预算数据，效率低下且易出错。而智能会计系统可以与业务系统、ERP 系统等无缝对接，自动提取相关数据，确保数据的及时性、准确性和完整性。这为后续的数据分析奠定了坚实的基础。

2. 智能会计可以进行多维度的预算数据分析

利用数据仓库、OLAP 等技术，智能会计系统能够从时间、地点、产品、项目等不同维度对预算数据进行切片和下钻，揭示预算执行中的差异和问题。例如，通过比较各部门、各项目的预算完成情况，识别出预算执行的薄弱环节；通过分析历史预算数据，发现预算编制中的不合理之处，为优化预算提供参考。这种多角度、立体化的分析，大大拓展了预算管理的广度和深度。

3. 智能会计可以利用机器学习算法，对预算数据进行智能预测和优化

传统的预算编制往往依赖财务人员的经验和判断，缺乏科学性和准确性。而智能会计系统可以通过对历史数据的训练，构建预测模型，并结合当前市场环境、经营状况等因素，对未来的收入、成本、现金流等关键指标进行合理预测。同时，智能算法还可以对预算方案进行优化，在满足预算约束条件的同时，实现企业整体效益的最大化。

4. 智能会计可以实现预算数据的可视化呈现

传统的预算报表通常以表格、数字形式呈现，难以直观理解，也不利于管理层决策。而智能会计系统可以根据预算数据自动生成图表、仪表盘等可视化界面，将复杂的数据转化为一目了然的图形，便于管理者快速把握预算执行情况，并及时采取应对措施。

5. 智能会计可以支持移动端的预算数据分析

随着移动互联网的普及，财务人员对随时随地访问预算信息的需求日益增长。智能会计系统可以提供移动端应用，让管理者通过手机、平板电脑等设备

实时查看预算完成进度，及时处理预算调整申请，极大地提高了预算管理的灵活性和便捷性。

（二）预算绩效评估

随着企业经营环境的日益复杂和市场竞争的日趋激烈，仅仅编制科学合理的预算已经远远不够，还必须对预算执行情况进行全面、系统的评估，及时发现问题、分析原因、采取措施，确保预算目标的实现。智能会计系统的应用为预算绩效评估提供了强大的技术支撑，使得这一过程更加高效、精准、全面。

智能会计系统可以通过大数据分析和机器学习算法，快速、准确地收集、处理和分析海量的预算执行数据，全面评估预算执行情况。传统的预算绩效评估往往依赖人工收集、整理和分析数据，不仅效率低下，而且容易出现遗漏、错误等问题。而智能会计系统可以自动采集各项预算执行数据，如收入、支出、成本、投资等，并进行实时监控和异常预警，及时发现预算执行偏差。同时，智能算法可以多维度、多角度地分析预算执行数据，揭示背后的规律和趋势，为预算调整和优化提供依据。

智能会计系统可以构建科学、合理的预算绩效评估指标体系，提高评估的针对性和有效性。传统的预算绩效评估往往采用单一或简单的评估指标，如完成率、节约率等，难以全面反映预算管理的质量和效果。而智能会计可以根据企业战略目标、行业特点、历史数据等，设计多层次、多维度的评估指标，既包括财务指标，如预算完成率、资金使用效率等，又包括非财务指标，如客户满意度、员工积极性等。通过综合运用这些指标，智能会计系统可以对预算执行情况进行立体化、全景式的评估，准确判断预算管理的优劣。

智能会计系统还可以支持多样化的预算绩效评估方式，满足不同管理需求。除了常规的事后评估外，智能会计系统还可以进行事前评估和事中评估。事前评估是在预算编制阶段，通过智能算法对预算方案进行可行性分析和优化选择，提高预算的科学性和可执行性。事中评估则是在预算执行过程中，通过实时监控和动态分析，及时发现问题、调整策略，确保预算执行处于正确的轨道。这种全流程、全方位的评估模式，可以最大限度地发挥预算管理的作用，提高企业的经营效率和效果。

（三）预算改进建议

预算改进建议是指基于预算执行情况和绩效评估结果，对未来预算编制、执行、控制等环节提出的优化意见。在智能会计的财务预算管理中，预算改进建议发挥着关键作用，它既是对已有预算管理实践的总结反思，也是推动预算管理不断完善的重要动力。

从知识角度来看，预算改进建议有助于提升财务人员的专业素养。通过深入分析预算执行偏差和绩效评估结果，财务人员能够及时发现预算管理中存在的问题，探究问题产生的根源，进而提出切实可行的优化方案。这一过程不仅能够加深财务人员对预算编制、执行、控制等环节的理解，还能够促进其战略思维、分析决策等关键能力的提升。同时，预算改进建议的形成还需要财务人员广泛收集相关信息，了解企业内部和外部环境变化，把握行业发展动向。这种知识积累和更新的过程，将极大拓宽财务人员的视野，为其未来职业发展奠定坚实的基础。

从能力角度来看，预算改进建议是检验财务人员综合运用专业知识解决实际问题能力的试金石。一份高质量的预算改进建议，不仅需要扎实的预算管理理论功底，还需要敏锐的洞察力、缜密的逻辑思维和清晰的语言表达能力。在建议形成过程中，财务人员需要对海量的预算数据进行分析和挖掘，从纷繁复杂的信息中提炼出关键要素；需要运用专业工具和方法，量化分析预算执行偏差和绩效评估结果；需要从全局和战略的高度，权衡利弊，优化资源配置；需要以清晰、准确、有说服力的方式，阐述问题现状、成因剖析和改进措施。这一系列环节，对财务人员的数据分析、工具运用、战略思维、沟通表达等多维度能力提出了较高要求。因此，鼓励和引导财务人员参与预算改进建议的形成，对于全面提升其岗位胜任能力具有重要意义。

从态度价值观角度来看，预算改进建议是培养财务人员主人翁意识和责任担当的重要载体。预算管理是企业财务管理的核心内容，其成效直接关系企业的生存和发展。作为预算管理的参与者和执行者，财务人员必须树立“预算就是生命线”的意识，将预算目标内化为自身追求，将预算责任外化为行动自觉。而预算改进建议，正是这种主人翁意识和责任担当的集中体现。主动反思预算执行中的得失，积极为预算编制建言献策，努力提高预算绩效水平，这些无不彰显着财务人员对企业发展的忠诚和对本职工作的热爱。而这种发自内心的认同感和使命感，将成为财务人员不断进取、追求卓越的精神动力，激励其在智能会计时代砥砺前行。

第二节　智能会计在财务资金管理中的应用实践

一、智能会计在财务现金流管理中的应用

（一）现金流预测

现金流预测是智能会计在财务管理中应用的重要领域之一。传统的现金流预测方法通常依赖财务人员的经验和判断，存在主观性强、准确性低、效率不高等问题。随着大数据、人工智能等新兴技术的快速发展，智能会计为现金流预测提供了全新的解决方案。智能会计系统可以自动收集和处理海量的财务数据，通过机器学习算法建立现金流预测模型，从而大大提高预测的精确度和时效性。

智能会计在现金流预测中的应用主要体现在以下几个方面。

首先，智能会计系统可以自动获取和整合企业内外部的各类数据，包括销售数据、采购数据、应收应付账款数据、资金使用情况等，为现金流预测提供全面、准确的数据基础。传统的预测方法往往受限于数据来源的局限性和时效性，而智能会计系统可以实时、动态地获取数据，确保预测模型的输入始终保持最新状态。

其次，智能会计系统内置了多种现金流预测模型和算法，可以根据企业的业务特点和历史数据，自动选择最优模型进行预测。这些模型通常包括时间序列分析、回归分析、神经网络等，能够从不同维度捕捉现金流量的变化规律和影响因素。与人工预测相比，智能算法能够处理更为复杂的非线性关系，挖掘数据背后的深层次关系，从而显著提升预测的准确性。

再次，智能会计系统可以实现现金流预测的实时更新和动态调整。在快速变化的商业环境下，影响现金流的因素错综复杂、难以穷尽。智能会计系统可以持续监测内外部环境的变化，自动调整预测模型的参数和权重，使预测结果始终与最新情况保持同步。这种动态预测机制可以帮助企业及时发现现金流风险，调整财务策略，提高资金使用效率。

最后，智能会计系统可以提供直观、易于理解的现金流预测报告和可视化

分析工具。传统的预测报告通常以表格和数字的形式呈现，非财务专业人员难以快速理解和应用。而智能会计系统可以根据用户的需求，自动生成图表、仪表盘等可视化元素，清晰展示现金流的走势、结构和预警信息。这种人性化的呈现方式可以促进财务与业务部门之间的沟通与协作，提高预测结果的可用性和决策支持力度。

当前，越来越多的企业开始尝试将智能会计系统应用于现金流预测实践中。一些大型跨国公司利用自主研发或第三方智能财务系统，建立了覆盖全球业务的现金流预测平台，实现了资金管理的集中化和智能化。一些创新型中小企业则借助云计算和 SaaS 服务，以较低的成本获得了专业化的现金流预测工具，有效提高了财务管理水平。随着智能会计系统的不断成熟和普及，现金流预测有望成为财务管理领域的新常态。

（二）现金流监控

在智能会计时代，现金流监控是财务管理中不可或缺的重要环节。传统的现金流监控方式往往依赖财务人员手工操作，存在效率低下、准确性不足等问题。而智能会计系统的应用，为现金流监控带来了全新的变革契机。借助大数据分析、机器学习等前沿技术，智能会计系统能够自动采集和处理海量财务数据，实时监测企业现金流的运行状况，为财务决策提供精准、及时的数据支撑。

智能会计在现金流监控中的应用主要体现在以下几个方面：其一，智能会计系统可以与企业的财务系统、银行系统无缝对接，自动获取销售收款、采购付款、费用支出等各类现金流数据，并进行系统性的整合和分析。这种数据采集方式不仅效率高，而且能够最大限度地减少人工录入带来的错误和遗漏。其二，基于机器学习算法，智能会计系统能够智能识别现金流数据中的异常情况，如资金占用率过高、应收账款回收率下降等，并及时预警，帮助财务人员快速锁定风险点，采取有针对性的措施。其三，智能会计系统还可以建立现金流预测模型，综合考虑销售预测、采购计划、投资安排等因素，准确预测未来一段时间的现金流入流出情况，为企业资金调度和财务规划提供决策参考。

智能会计在现金流监控中的应用，不仅极大地提高了财务人员的工作效率，降低了风险发生概率，更为企业经营决策提供了科学、精准的数据支持，引领企业财务管理迈向智能化时代。当然，要真正实现智能会计在现金流监控中的深度应用，还需要财务人员与 IT 技术人员的紧密协作，根据企业实际情况不断优化算法模型和监控规则，并建立完善的应急预案和风险防控机制。唯有如此，才能充分发挥智能会计系统的潜力，构建全面、实时、智能的现金流监控体系，为企业的可持续发展保驾护航。

二、智能会计在财务应收账款管理中的应用

（一）应收账款自动化处理

应收账款自动化处理是智能会计在财务管理中应用的重要场景之一。传统的应收账款管理流程往往涉及大量的人工操作，如发票录入、付款核对、账龄分析等，效率低下且容易出错。而智能会计系统的引入，能够显著提高应收账款管理的自动化水平，减少人工干预，提高财务工作的效率和准确性。

在应收账款自动化处理中，机器学习算法扮演着关键角色。通过对历史交易数据的训练，机器学习模型能够自动识别和提取发票中的关键信息，如客户名称、发票金额、发票日期等，并将其转化为结构化数据录入财务系统。这一过程不仅省去了手工录入的烦琐步骤，更能够避免人为错误的发生。同时，智能算法还能够根据预先设定的规则，自动匹配发票和相应的付款记录，实现应收账款的自动核销，提高账务处理的及时性和准确性。

应收账款自动化处理的另一个重要应用是智能化的账龄分析和预警。传统的账龄分析通常依赖财务人员手工统计和判断，工作量大且容易遗漏异常情况。而智能会计系统则可以实时跟踪每笔应收账款的账龄变化，根据预设的时间阈值自动划分账龄区间，并及时预警逾期款项。这种实时、动态的账龄监控方式，能够帮助企业及早发现应收账款回收风险，优化资金管理策略。

（二）应收账款催收优化

应收账款催收作为财务管理的重要环节，直接关系企业的现金流和运营效率。传统的应收账款催收方式往往依赖人工操作，存在效率低下、成本高昂、风险难以掌控等问题。而智能会计系统的引入，为应收账款催收带来了全新的解决方案。

智能会计系统可以通过大数据分析和机器学习算法，对应收账款的回收风险进行精准评估。系统会自动收集和处理客户的历史交易数据、信用记录、财

务状况等信息，建立完整的客户信用画像。基于这些数据，系统可以智能地预测客户的还款意愿和能力，识别出高风险客户，并及时预警。这种风险评估方式不仅更加全面、客观，还大大提高了风险识别的时效性，为应收账款催收提供了可靠的决策依据。

在实际的催收过程中，智能会计系统可以根据不同客户的风险等级和特点，自动生成个性化的催收策略。例如，对于低风险客户，系统可以采取温和友好的催收方式，如发送提醒短信、邮件等；对于高风险客户，系统则会启动更加严格的催收流程，如外包给专业的催收机构、采取法律手段等。这种因客制宜的催收策略不仅能够提高催收效率，也能最大限度地维护客户关系，实现催收与客户体验的平衡。

智能会计系统还能通过自动化技术，大幅简化催收流程，提高运作效率。传统的催收流程往往涉及大量的人工操作，如编制催收函、拨打电话、登记催收记录等，这不仅耗时耗力，也容易出错。智能会计系统可以通过RPA（机器人流程自动化）等技术，自动完成这些重复性工作，大幅减少人工干预，提高催收效率。同时，系统还能智能调度催收任务，优化资源配置，确保催收工作有条不紊地进行。

（三）应收账款周转率分析

应收账款周转率是衡量企业应收账款管理效率和资金利用效率的重要指标，它反映了企业在一定期间内将应收账款转化为现金的速度和频率，体现了企业信用政策的合理性和销售收入质量的高低。通过对应收账款周转率进行深入分析，企业可以全面评估自身的应收账款管理水平，找出存在的问题和薄弱环节，从而制定有针对性的优化策略，提高资金周转效率和盈利能力。

智能会计系统的应用为应收账款周转率分析提供了强大助力。传统的应收账款管理依赖人工统计和手动计算，效率低下且易出错。而智能会计系统可以自动采集、处理和分析海量的应收账款数据，快速、准确地计算出应收账款周转率及其他关键指标。这不仅大大提高了分析效率，也为企业决策提供了更加全面、可靠的数据支撑。

利用智能会计系统进行应收账款周转率分析，首先要建立完善的数据采集和处理机制。智能会计系统需要与销售、财务等业务系统无缝对接，实时获取销售收入、应收账款回款等关键数据。同时，系统还要具备强大的数据清洗和整合能力，能够自动识别和修正错误数据，保证数据质量。在此基础上，智能会计系统可以按照设定的算法和规则，自动计算出应收账款周转率，并生成直观、易懂的分析报告。

应收账款周转率分析的最终目的是为企业的财务管理和经营决策提供有力支撑。基于智能会计的深度分析，企业可以及时调整信用政策，优化客户结构，强化应收账款催收，提高资金周转效率。例如，对于应收账款周转率较低的客户，企业可以收紧信用期限，加大催收力度；对于应收账款周转率较高的优质客户，企业可以适当放宽信用政策，巩固与该类客户的关系。同时，企业还可以根据应收账款周转率的变化趋势，科学预测未来现金流，合理安排资金使用，防范财务风险。

三、智能会计在财务应付账款管理中的应用

（一）应付账款风险监控

应付账款风险监控是企业财务管理中的重要一环，它通过实时跟踪供应商的履约情况、资金状况等，及时发现和预警潜在的支付风险，从而保障企业资金安全和运营稳健。在智能会计时代，大数据分析、机器学习等新兴技术为应付账款风险监控提供了更为精准、高效的技术支撑。

传统的应付账款管理主要依赖财务人员的经验和判断，存在主观性强、效率低下等问题。而智能会计系统可以自动采集、整合来自采购、验收、入库等各个环节的数据，运用数据挖掘算法对供应商的履约能力、财务状况进行多维度评估，及时甄别出高风险账款。例如，系统可以分析供应商的交货及时率、产品合格率等指标，识别出履约不稳定的供应商；可以通过分析供应商的财务报表、舆情数据等，判断其是否存在资金链断裂、信用危机等风险。一旦发现异常情况，系统可以自动触发预警，提示财务人员采取停止付款、与供应商沟通等应对措施。

智能应付账款风险监控不仅可以降低企业的资金风险，还能优化资金使用效率。在传统模式下，为规避风险，企业往往会选择延迟付款，导致资金沉淀，影响周转效率。而借助智能风控系统，企业可以精准识别优质供应商，给予其及时付款、更优惠的信用政策等激励，提升合作黏性。与此同时，对于高风险

供应商，企业可以主动管控付款节奏，避免形成呆账、坏账，减少资金占用。通过差异化的账期管理策略，企业可以在保证资金安全的同时，最大限度地盘活资金，提高营运资本效率。

智能应付账款风险监控还可以与企业的采购管理、供应商管理等领域深度融合，实现全流程风险管控。系统可以将应付账款风险评估结果反馈给采购部门，引导其优选资质优良、履约稳定的供应商，从源头上控制采购风险。同时，系统还可以持续监测供应商的动态表现，对其进行动态评级管理，为采购决策提供参考。一旦发现供应商的履约能力下降，系统可以及时预警，提示采购部门调整采购策略，降低供应链风险。由此可见，应付账款风险监控已不再是单纯的事后把控，而是嵌入采购、付款等各业务环节，成为一种事前预防、事中控制、事后评估的全流程风险管理方式。

在实践中，企业还可以根据自身业务特点和管理需求，灵活配置智能应付账款风险监控系统的规则和模型。例如，对于大宗原材料采购，企业可以重点关注供应商的产能规模、原材料价格波动等风险因素；对于定制化采购，企业可以侧重评估供应商的研发能力、生产工艺等指标。同时，企业还可以将应付账款风险监控与合同管理、票据管理等流程整合，实现风险管理、业务运作的无缝衔接。

（二）应付账款支付优化

随着企业经营规模的扩大和业务复杂性的增加，传统的应付账款支付流程已经难以满足企业的需求。频繁的人工操作不仅效率低下，而且容易出错，给企业带来诸多风险和隐患。因此，利用智能会计系统对应付账款支付流程进行优化和再造，已经成为财务管理创新的重要方向。

智能会计系统可以自动识别和提取发票等单据中的关键信息，如供应商名称、金额、到期日等，并与企业的采购订单、合同等数据进行匹配和核对。这一过程大大减少了人工录入和审核的工作量，提高了数据处理的准确性和效率。同时，智能会计系统还可以根据预设的支付策略和审批流程，自动生成付款申请和凭证，并触发相应的审批和执行操作。这种端到端的自动化处理模式不仅节省了财务人员的时间和精力，也降低了支付错误和延误的风险。

应付账款支付优化不仅能够提高财务工作效率、降低支付风险，还能够为企业带来广泛而深远的影响。首先，高效、准确、合规的应付账款支付有助于改善企业与供应商的关系，建立互信、共赢的合作伙伴关系。供应商可以及时收到货款，维持稳定的现金流，从而更好地满足企业的采购需求。其次，应付账款支付优化还能够促进企业内部跨部门协作和数据共享。财务部门可以与采购、仓储、生产等部门实现信息互通和业务协同，提高整体运营效率。最后，应付账款支付作为企业现金流出的重要组成部分，其优化还有助于提高企业的资金使用效率，降低资金占用成本，为企业的可持续发展提供有力保障。

四、智能会计在财务资金流动性管理中的应用

(一) 资金流动性监控

在现代企业运营中，保持合理的资金流动性水平对于维持企业正常运转、防范财务风险至关重要。传统的资金流动性管理主要依赖财务人员的经验判断和手工操作，难以适应日益复杂的商业环境和海量财务数据处理的需求。而智能会计系统的出现，为企业资金流动性监控提供了更加高效、精准、实时的解决方案。

其一，智能会计可以通过机器学习算法，自动分析企业的资金流入和流出数据，精确预测未来一段时间内的资金需求和盈余情况。相比人工预测，智能算法能够处理更大规模的数据，考虑更多影响因素，从而显著提高预测的准确性。管理者可以根据智能预测结果，提前制订资金调度计划，合理安排资金的使用和配置，避免出现资金链断裂或资金闲置的情况。

其二，智能会计可以实时监测企业的资金流动情况，及时发现异常波动和潜在风险。传统的资金监控往往存在滞后性，只有在问题发生后才能察觉并采取应对措施。而智能监控系统则能够基于预设的规则和阈值，在资金流动出现异常时自动预警，使管理者能够第一时间介入处理，将财务损失和负面影响降至最低。

其三，智能会计可以优化企业的资金调度策略，帮助企业实现资金的高效利用和保值增值。传统的资金管理通常采用相对简单和固化的模式，如集中管理或分散管理，很难灵活适应市场环境的变化。而智能算法可以综合考虑企业的资金状况、投资机会、风险偏好等因素，动态优化资金的配置，在确保流动性的同时最大化资金的收益。

（二）资金流动性优化策略

企业资金流动性优化是一项系统工程，需要从战略高度统筹规划，综合运用各种管理手段和技术工具。首要任务是建立健全资金流动性风险管理体系。企业应根据自身业务特点和外部环境变化，制定切实可行的资金流动性风险管理策略，明确风险偏好和容忍度。同时，要建立多层次、全方位的风险预警指标体系，实时监测资金流动性状况，及时识别和评估潜在风险。一旦发现异常情况，可及时启动应急预案，采取有效措施化解风险。

1. 优化资金配置结构

企业应综合平衡安全性、流动性和收益性，合理配置各类资产。一方面，要保证充足的现金和现金等价物，满足日常经营和突发事件的资金需求；另一方面，要提高资金使用效率，减少闲置资金，将富余资金投向收益率较高的领域。同时，企业还应加强资产负债管理，控制财务杠杆，防范债务风险。通过期限匹配和利率敏感性分析等手段，动态调整资产负债结构，实现期限错配和再定价错配的最优化。

2. 资金集中管理

企业应按照“集中管理、统筹使用、分级授权、定期考核”的原则，构建资金集中管理体系。通过建立内部资金池、实施资金归集与调拨、开展资金预算与绩效考核等措施，集中管控资金流，提高资金使用效率。同时，企业还可利用现金管理系统、资金计划系统等信息化手段，实现资金全流程的数字化管理，减少人工操作环节，防范操作风险。

3. 强化现金流管理

企业应加强现金流量预测，准确把握未来一定时期的现金流入和流出情况，提前做好资金安排。针对应收账款、存货等占用资金较多的环节，要加大管控力度，压缩现金循环周期。对于现金流紧张的季节性行业，可通过开展供应链金融、票据池等融资方式，缓解资金压力。

4. 拓宽融资渠道

企业应根据自身信用状况和资本市场环境，灵活运用多元化的融资工具，如银行贷款、债券发行、股权融资等，优化融资结构，降低融资成本。对于国际化经营的企业，还可利用跨境资金池、外汇衍生品等工具，管理汇率风险，提高全球资金调配能力。

第三节　智能会计在财务风险管理中的应用实践

一、智能会计在财务信用风险管理中的应用

（一）信用风险识别

信用风险识别是现代金融机构风险管理的重要环节，对于防范信用风险、维护金融体系稳定具有重要意义。随着人工智能、大数据等新兴技术的迅猛发展，智能会计在信用风险识别领域展现出巨大潜力。智能会计技术能够有效克服传统信用风险识别方法的局限性，实现对信用风险的精准识别和实时预警，为金融机构的信用风险管理提供有力支撑。

1. 数据处理

从数据处理角度来看，智能会计技术可以通过机器学习算法，对海量的结构化和非结构化数据进行快速处理和分析，从中发掘出隐藏的信用风险信号。传统的信用风险识别主要依赖财务指标分析，如资产负债率、流动比率等，很难全面反映企业的信用状况。而智能会计系统可以整合企业的财务数据、经营数据、司法诉讼记录、舆情信息等多源异构数据，构建立体化的信用画像，精准刻画企业的信用风险。例如，智能会计系统可以通过分析企业的现金流量、销售回款、供应链关系等数据，及早发现企业资金链紧张、经营困难等风险信号，为金融机构的信贷决策提供有效参考。

2. 模型构建

从模型构建角度来看，智能会计技术可以利用机器学习算法，如决策树、随机森林、神经网络等，构建信用风险预测模型。这些模型能够从大规模的历史数据中自动学习信用风险特征，并对新的信用申请进行实时评估和预测。与传统的信用评分模型相比，智能会计模型具有更强的非线性拟合能力和自适应

能力，能够捕捉到复杂的信用风险模式。同时，智能会计模型还可以根据最新的市场变化和风险事件自动更新和优化，保持预测的准确性和稳定性。例如，某银行利用智能会计技术构建了一套信用风险预警模型，该模型综合考虑了企业的财务状况、信用记录、行业风险等因素，能够提前 6 个月预测企业的违约风险，大大提高了银行的风险管控能力。

3. 业务应用

从业务应用角度来看，智能会计系统可以与金融机构的业务流程深度融合，实现信用风险管理的智能化和自动化。传统的信用审批流程往往耗时较长，审批标准也不够客观和一致。而智能会计系统可以在信贷申请的各个环节，如客户身份验证、信用评分、额度审批等方面，提供实时的风险评估和决策支持，大大提高了信贷审批的效率和准确性。同时，智能会计系统还可以持续监控客户的信用状况变化，及时识别出逾期、欺诈等异常行为，并自动触发预警和处置机制，最大限度地降低信用风险损失。

（二）信用风险监控

信用风险监控是智能会计在财务风险管理中应用的重要方面。随着人工智能、大数据等新兴技术的迅猛发展，智能会计已经成为企业财务风险管理的有力工具。智能会计系统能够实时收集和分析海量的财务数据，并利用机器学习算法建立信用风险预警模型，为企业的信用风险监控提供有力支撑。智能会计在信用风险监控中的应用主要体现在以下几个方面。

1. 智能化的信用风险识别

传统的信用风险识别主要依赖财务人员的经验和判断，存在主观性强、效率低下等问题。而智能会计系统可以通过对企业历史财务数据、交易记录、客户信息等进行全面分析，利用机器学习算法自动识别潜在的信用风险，并及时预警。例如，智能会计系统可以通过分析应收账款的账龄、客户的信用记录等，识别出可能出现坏账的风险信号，为企业的信用管理决策提供有效参考。

2. 动态化的信用风险评估

信用风险具有动态变化的特点，企业需要实时监测和评估客户的信用状况，以便及时调整信用政策。智能会计系统可以持续跟踪客户的财务指标变化、舆情动态等，并结合宏观经济形势、行业发展趋势等外部因素，动态评估客户的信用风险水平。例如，某智能财务风控平台通过分析企业的财务报表、经营数据、司法诉讼记录等，并综合考虑客户所在行业的发展前景、市场竞争格局等，对客户的信用风险进行实时评分和预警，为企业的信用决策提供科学依据。

3. 精准化的信用风险监控

有效的信用风险监控需要对关键风险点进行重点管控。智能会计系统可以基于信用风险评估结果，自动识别出高风险客户和业务，并匹配相应的监控策略。例如，对于评估为高风险的客户，系统可以启动严格的授信审批流程，并加强对其财务状况、履约能力的持续监测；对于风险较低的客户，则可以适当简化审批手续，提高业务效率。某供应链金融服务平台就利用智能会计技术，对上游供应商的信用风险进行精准画像和分层管理，有效控制了坏账损失，提高了资金周转效率。

4. 协同化的信用风险管理

信用风险管理涉及财务、销售、法务等多个部门，需要高度的协同配合。智能会计系统可以打破部门间的信息壁垒，实现数据共享和业务协同。例如，财务部门利用智能会计系统监测到某客户的信用风险上升，可以及时向销售部门发出预警，调整该客户的信用额度和销售策略；如果该客户出现违约，系统还可以自动触发法务流程，启动催收或诉讼程序。某大型电商平台就构建了一套集信用评估、风险预警、限额管控等功能于一体的智能化信用管理系统，实现了财务、业务、法务的无缝衔接，大大提升了信用风险管控的时效性和精准度。

二、智能会计在财务流动性风险管理中的应用

（一）流动性风险识别

流动性风险作为金融机构面临的主要风险之一，其识别和度量对于维护金融体系稳定、防范系统性风险具有重要意义。随着金融市场的快速发展和金融创新的不断涌现，流动性风险呈现出新的特点和趋势，对其进行及时、

准确的识别已经成为金融监管和风险管理的重点内容。智能会计技术的发展为流动性风险识别提供了新的思路和方法，有望进一步提升风险识别的针对性和有效性。

1. 对金融机构现金流的动态监测和分析

传统的流动性风险识别主要依赖静态的资产负债比率分析，如存贷比、流动性比例等，这种方法虽然简单直观，但难以全面反映金融机构流动性状况的动态变化。智能会计技术引入了大数据分析、机器学习等先进方法，能够实时跟踪金融机构的资金流向，揭示潜在的流动性缺口和压力。例如，通过对客户交易行为、资金流水等海量数据进行挖掘分析，智能算法能够发现异常的资金外流情况，预警潜在的挤兑风险。又如，机器学习模型能够捕捉市场利率、资产价格等因素对金融机构流动性的影响，提前识别可能引发流动性危机的触发因素。这些方法不仅提高了流动性风险识别的及时性和敏感性，还能够揭示传统指标难以反映的深层次风险。

2. 场景化、个性化分析

不同类型的金融机构在业务结构、融资渠道等方面存在显著差异，其面临的流动性风险也各不相同。智能会计系统能够针对不同金融机构的特点，嵌入差异化的风险识别模型和参数，提供更加精准、有针对性的风险分析。例如，对于零售型商业银行，智能会计系统可以重点关注个人存款的稳定性、贷款的期限错配等指标；而对于投资银行，则需要侧重分析其交易头寸、衍生品敞口等因素对流动性的影响。个性化的风险识别有助于金融机构更加细致、全面地把握自身的流动性风险状况，从而采取有效的应对措施。

（二）流动性风险评估

流动性风险评估是智能会计在财务风险管理中应用的重要方面。它旨在识别、量化和预警企业面临的流动性风险，为企业的资金管理和决策提供有力支撑。在当前经济形势复杂多变、市场竞争日益激烈的背景下，企业更需要借助先进的技术手段，提升流动性风险管理的精准性和前瞻性，从而增强自身的抗风险能力和可持续发展能力。

智能会计技术的应用，使得流动性风险评估从传统的静态分析转向动态预测，从事后监测转向事前预警。通过海量数据的采集和分析，智能会计系统能够实时监控企业的现金流状况，准确把握流动性风险的变化趋势。同时，系统还能够根据企业的经营特点和行业属性，建立流动性风险评估模型，量化企业面临的流动性缺口和压力测试情景，为企业制订应对预案提供决策支持。

在流动性风险评估过程中，智能会计系统重点关注企业的现金流量表、资产负债表和利润表等财务报表数据。通过对应收账款周转率、存货周转率、流动比率等关键指标的分析，系统能够掌握企业短期偿债能力和营运资金管理效率，发现流动性风险隐患。此外，系统还会结合宏观经济形势、行业景气度等外部因素，动态调整风险评估模型和参数，提高预测的准确性和针对性。

智能会计不仅能够进行流动性风险的事前评估和预警，还能够为企业提供风险应对的决策支持。当系统预测出流动性风险超过预警阈值时，它会自动生成风险提示报告，并根据预设的应急预案，给出相应的处置建议，如调整资金配置、优化资产结构、拓宽融资渠道等。这些建议能够帮助企业及时采取措施，化解流动性风险，保障经营活动的正常开展。

（三）流动性风险缓解措施

随着金融市场的快速发展和创新产品的不断涌现，企业面临的流动性风险日益复杂化、多元化。传统的流动性管理手段已难以有效应对新形势下的挑战，迫切需要引入智能会计系统，提升流动性风险管理的精准性和有效性。

智能会计可以通过大数据分析、机器学习等先进技术，全面挖掘企业内外部数据中蕴含的流动性风险信息，实现对流动性风险的动态监测和实时预警。例如，智能会计系统可以持续跟踪企业现金流量状况，分析应收账款回收、存货周转等关键指标，及时发现潜在的流动性风险隐患。一旦发现异常情况，系统就可以自动触发预警，提示财务管理者及时采取相应措施。这种实时监控和预警机制，有助于企业在流动性风险演变为现实危机之前，及时采取有效的应对之策。

除了风险监测和预警，智能会计还可以协助企业优化资金调度，提高流动性管理效率。传统的资金管理往往依赖财务人员的经验和直觉，难免存在主观性和滞后性。而智能会计系统可以基于海量数据，运用优化算法，科学制订资金调度方案。系统可以综合考虑企业生产经营、投资活动、融资安排等因素，动态匹配资金供给和需求，确保资金在企业内部高效流转。同时，智能会计还可以对外部融资渠道进行集中管理，选择成本最低、风险最小的融资方式，从而降低企业财务成本，提高企业抗风险能力。

三、智能会计在财务法律风险管理中的应用

（一）法律风险识别

在日益复杂的法律环境下，企业如果不能及时识别和应对潜在的法律风险，就可能陷入诉讼纠纷的泥潭，甚至面临破产倒闭的危险。因此，建立健全法律风险识别机制，已经成为企业风险管理的重中之重。

智能会计作为人工智能与会计学交叉融合的新兴领域，为企业法律风险识别提供了全新的思路和方法。传统的法律风险识别主要依赖律师和法务人员的专业判断，存在主观性强、效率低下等问题。而智能会计则能够充分利用大数据、机器学习等技术，从海量的财务数据和非结构化信息中自动提取有价值的风险信号，实现法律风险的早期预警和实时监控。

智能会计可以通过对企业合同、票据等法律文件进行智能化解析，自动识别其中的风险条款和合规问题。例如，智能合同审核系统能够快速检查合同中是否存在违反强制性规定、侵犯他人权益、限制自身权利等风险因素，并给出相应的修改建议。这不仅能够降低人工审核的错误率，而且大大提高了风险识别的效率和准确性。

智能会计可以利用知识图谱、自然语言处理等技术，从企业的财务报表、新闻舆情、诉讼判例等非结构化数据中挖掘法律风险信息。例如，通过对企业的资产负债表进行智能分析，可以发现企业是否存在资不抵债、大额对外担保等财务风险；通过对新闻媒体报道进行情感分析，可以及时捕捉企业面临的舆论压力和声誉危机；通过对相关案例进行智能检索和比对，可以预判企业在特定法律纠纷中的胜诉概率和可能损失。这些分析结果为企业的法律风险决策提供了有力支撑。

智能会计还能够建立企业法律风险的量化评估模型，综合考虑风险发生的可能性和影响程度，对企业面临的法律风险进行全面评估和排序。这不仅有助于企业合理配置风险管理资源，优先应对高危风险，而且能够为投资者、监管机构等相关方提供客观、准确的风险披露信息，提升企业的透明度和公信力。

（二）合规性审查

1. 智能识别合规风险

智能会计系统可以持续监测企业的财务数据和业务流程，基于预设的风险规则和模型，自动识别各类潜在的合规风险，如财务舞弊、违规交易、信息披露违规等。一旦发现异常情况，系统可以实时预警，提示管理层及时采取应对措施。相比人工抽查，智能审查的全面性和及时性大大提升，最大限度地降低了合规风险。

2. 优化合规审查流程

传统的合规审查往往需要多部门协作，流程烦琐、效率低下。智能会计可以打通各部门之间的数据壁垒，实现信息的集中管理和共享。审查人员可以在统一的平台上开展工作，系统自动完成数据收集、分析、复核等环节，并生成标准化的审查报告。这种流程再造不仅提高了审查效率，也强化了内部控制，减少了人为错误，降低了舞弊风险。

3. 赋能合规决策

合规审查不仅要发现问题，还要给出切实可行的解决方案。智能会计可以在识别风险的基础上，结合内外部环境分析、案例推理等，向管理层提供智能化的决策建议。例如，面对新出台的法律法规，系统可以评估其对企业的影响，提示需要调整的业务流程和内控措施。又如，对于重大合规事件，系统可以模拟不同处置方案，评估其合规风险和经济效果，为管理层决策提供参考。这种“自动获取合规知识、自动形成应对预案”的能力，是传统人工审查难以企及的。

（三）法律纠纷处理

随着经济社会的快速发展，企业面临的法律风险日益复杂多样，传统的人工处理模式已难以满足日益增长的法律需求。智能会计系统的出现为化解这一困境提供了新的思路和方法。

智能会计可以利用大数据分析、机器学习等技术，对企业海量的财务数据进行全面梳理和深入挖掘，及时发现潜在的法律风险点。例如，智能会计系统能够通过对合同条款、交易记录等数据的分析，识别出可能违反法律法规或合同约定的异常情况，并自动向管理层发出预警。这种前瞻性的风险识别和预警机制，可以帮助企业在法律纠纷发生前采取有针对性的防范措施，最大限度地降低法律风险。

在法律纠纷发生后，智能会计还可以为企业提供有力的证据支持和专业的法律意见。智能会计系统能够快速检索和整合与纠纷相关的财务数据，形成完整、准确的证据链。这不仅可以提高举证效率，节省人力成本，还能增强证据的可靠性和说服力。同时，智能会计还可以利用自身丰富的法律知识库和案例库，为企业提供专业的法律咨询和解决方案，帮助企业在纠纷处理中占据有利地位。

智能会计在法律纠纷处理中的应用，对于提高企业法律风险管理水平具有重要意义。一方面，智能会计能够帮助企业建立全面、实时的法律风险监测和预警体系，将风险消灭在萌芽状态，避免纠纷的发生；另一方面，智能会计在纠纷发生后能够为企业提供强有力的技术支持和智力保障，提高纠纷处理的效率和成功率。可以说，智能会计已经成为现代企业法律风险管理不可或缺的利器。

第四章　智能会计在财务分析中的应用实践

第一节　智能会计在财务报表分析中的应用实践

一、智能会计在财务资产负债表分析中的应用

（一）资产负债结构优化

智能会计在财务资产负债表分析中的应用，重点在于优化企业的资产负债结构。资产负债结构是企业财务状况的重要体现，直接影响企业的偿债能力、营运能力和盈利能力。传统的资产负债表分析主要依靠会计人员的经验和判断，存在主观性强、效率低下等问题。而智能会计系统则可以通过大数据分析和机器学习算法，快速、准确地识别资产负债表中的关键信息，揭示企业财务状况的潜在风险和优化空间。

智能会计可以从以下几个方面优化企业的资产负债结构。

首先，智能会计可以对企业的资产结构进行全面分析，识别出占用资金过多的低效资产，如呆滞存货、闲置设备等，并提出优化建议，如加快存货周转、盘活闲置资产等。这有助于提高企业资产的使用效率，减少资金占用，改善流动性。

其次，智能会计可以分析企业的负债结构，评估不同负债的成本和风险，如银行借款、应付账款、应付票据等。通过比较不同融资方式的利率、期限、条件等因素，智能系统可以为企业选择最优的负债组合，在控制财务风险的同时，降低融资成本，优化资本结构。

再次，智能会计可以持续监测企业的资产负债率，预警潜在的财务风险。资产负债率是评价企业长期偿债能力的重要指标，过高的资产负债率意味着企业面临较大的财务风险。智能会计系统可以根据企业所处行业、发展阶段等因素，结合历史数据和行业基准，为企业设定合理的资产负债率目标。当实际资产负债率超出预警值时，系统可及时提醒管理层采取措施，如减少负债、增加权益等，以维持财务稳健。

最后，智能会计可以通过情景模拟和敏感性分析，预测不同决策对资产负债结构的影响。管理层可以设定不同的财务策略，如投资、融资、分红等，由智能会计系统模拟其对资产负债表各项目的影响，并评估相应的财务风险。这种“事前”分析有助于管理层做出更加科学、审慎的财务决策，在优化资源配置的同时，控制决策风险。

（二）资产质量评估

资产质量评估是资产负债表分析中不可或缺的一环，它通过对企业资产的构成、变动趋势和使用效率等进行全面、系统的考察，揭示企业资产管理的优势和不足，为企业优化资源配置、提高资产运营效率提供重要依据。在智能会计时代，大数据、人工智能等前沿技术的应用，为资产质量评估注入了新的活力，推动其迈向更加精准、高效、智能化的发展阶段。

1. 资产构成

从资产构成的角度来看，智能会计系统能够快速、准确地识别和分类企业的各类资产，如货币资金、应收账款、存货、固定资产等，并自动生成资产构成表。通过对不同时期资产构成的纵向比较和与同行业企业资产构成的横向比较，智能会计系统可以清晰地展现企业资产结构的变动趋势和行业地位，为管理层优化资产结构、调整资源配置提供直观的决策支持。例如，若系统发现企业应收账款占比持续上升、远高于行业平均水平，就会自动预警，提示管理层加强应收账款管控，防范资金占用和坏账风险。

2. 资产质量

从资产质量的角度来看，智能会计系统可以多维度、动态化地评估企业资产的使用效率和收益水平。传统的资产质量评估往往采用静态的财务指标，如资产周转率、存货周转天数等，难以全面反映资产的实际运营状况。而智能会计系统则可以实时采集和分析海量的业务数据，结合市场环境、行业趋势等外部因素，对企业资产的使用效率进行动态评估和预测。例如，系统可以通过分析存货的进销存数据、滞销率、物流周期等，评估存货管理的效率；通过对比固定资产的产出贡献和维护成本，评估其投资回报率；通过追踪应收账款的账龄分布、回款周期、坏账率等，评估其变现能力和风险水平。这些多维度的分析，能够帮助管理层及时发现资产运营中的薄弱环节，并采取有针对性的优化措施。

3. 资产减值

从资产减值的角度来看，智能会计系统可以显著提高减值测试的效率和准确性。在传统的减值测试中，由于信息不对称和人工处理的局限，很难及时、全面地识别资产减值迹象，往往在减值损失已经较大时才被发现，错失了及时止损的最佳时机。而智能会计系统则可以实时监测资产的市场价格、使用状况、现金流贡献等关键指标，当发现资产市价大幅下跌、闲置率上升、收益下降等减值迹象时，即可自动预警，并启动减值测试程序。同时，智能会计系统还可以借助机器学习算法，通过海量案例的训练，不断优化减值测试模型，提高减值准备计提的合理性和准确性，避免因资产价值高估而粉饰财务报表的风险。

二、智能会计在财务利润表分析中的应用

（一）收入与成本分析

智能会计在财务利润表分析中的应用，为企业收入与成本的精细化管理提供了有力支撑。传统的利润表分析主要依赖财务人员的手工操作和经验判断，难以全面挖掘数据背后隐藏的价值信息。而智能会计系统的引入，则从根本上改变了这一局面。

基于大数据分析和机器学习算法，智能会计系统能够快速处理海量的财务数据，自动识别收入和成本中的关键驱动因素。通过多维度交叉分析，系统可以清晰地展示各业务板块、产品线在营收贡献度、成本结构等方面的差异，帮助管理层精准把握盈利能力的强弱。同时，系统还能够智能预测收入走势、成本变动，为企业的财务决策提供前瞻性的洞见。

在收入分析方面，智能会计系统可以从渠道、地域、客户等维度入手，深入剖析营收来源的结构性特征。系统不仅能够统计各类收入的金额与占比，还能进一步探究其变动趋势、季节性规律以及与宏观经济环境、行业周期的关联度。这些分析视角，为企业优化销售策略、拓宽市场空间提供了科学依据。比如，系统可能会发现某一区域市场的销售额出现显著增长，而这一增长主要源自高毛利的明星产品。基于这一洞察，企业可以及时调整资源配置，加大对潜

力市场和优势产品的投入，实现精准营销和差异化竞争。

在成本分析方面，智能会计系统可以全面盘点企业的成本构成，揭示直接成本和间接成本的占比关系、变化趋势。通过比较各类成本项目的历史数据，系统能够甄别出异常波动和低效环节，为企业的降本增效提供方向指引。例如，系统发现某一生产环节的人工成本远高于行业平均水平，管理层据此开展有针对性的自动化改造，从而有效控制了人力资源支出。与此同时，系统还可以建立精细化的成本核算体系，追踪每一项产品、每一个订单的成本归集和分摊，真正做到管理出效益、核算出价值。

智能会计不仅能够细化收入成本分析的颗粒度，更能够深化对盈利模式的认知。传统的利润率计算往往停留在宏观层面，缺乏对企业内在经营逻辑的洞察。而智能会计系统则可以有针对性地设计各类财务指标与比率，如边际贡献率、本量利分析、敏感性分析等，多角度评估企业获利能力的来源与瓶颈。系统还能模拟不同情景下的盈利水平，预判相关经营决策可能产生的财务影响，从而为战略制定提供参考。

（二）利润率计算

会计核算的利润率分析是企业财务管理的重要内容之一，它通过对利润率指标的计算和解读，揭示企业盈利能力的高低、变动趋势和影响因素，为企业经营决策提供关键依据。在传统的会计核算中，利润率分析主要采用手工计算的方式，存在效率低下、差错率高等问题。而智能会计系统的出现，为利润率分析注入了新的活力。

智能会计系统可以自动获取、处理和分析海量的财务数据，快速、准确地计算出各类利润率指标。以销售净利率为例，智能会计系统能够从销售收入和净利润两个维度，动态跟踪企业销售利润率的变化情况。当发现利润率异常波动时，系统还可以智能预警，提醒财务人员及时查找原因，采取应对措施。与手工计算相比，智能会计系统大大提高了利润率计算的效率和精确度，为企业经营管理决策提供了更加可靠的数据支持。

智能会计系统可以运用大数据分析、机器学习等前沿技术，深度挖掘利润率指标背后隐藏的价值信息。通过对企业历史财务数据的整合分析，智能会计系统能够发现影响企业利润率的关键因素，如产品结构、成本管控、费用占比等，并提出有针对性的优化建议。同时，智能会计系统还可以纵向比较企业各期间的利润率水平，揭示盈利能力的动态变化趋势；横向比较同行业其他企业的利润率数据，精准定位自身的行业地位和差距。这些多维度、立体化的利润率分析，为企业找准发展方向、制定竞争策略提供了有力的决策支持。

三、智能会计在财务所有者权益变动表分析中的应用

（一）股东权益结构优化

1. 信息透明度

从信息透明度的角度来看，智能会计可以显著提高上市公司财务信息披露的及时性、准确性和完整性。传统的财务报告流程往往涉及大量的人工处理环节，不仅效率低下，而且容易出现错漏和舞弊现象。智能会计系统通过自动抓取、识别和归类财务数据，能够实时生成标准化的报表，减少人为干预的空间。这不仅有助于提高信息披露质量，更能增强公司运营的透明度，便于股东及时、准确地了解公司的财务状况和经营成果，做出合理决策。

2. 股权结构

从股权结构的角度来看，智能会计可以为上市公司股权结构的优化提供数据支撑和决策参考。通过对海量财务数据的挖掘和分析，智能会计系统能够揭示不同类型股东的持股比例、持股变动趋势、股权质押情况等，帮助公司管理层全面把握股权结构现状。同时，智能会计还可以模拟不同股权结构方案的财务影响，预测股权变动可能带来的风险和收益，为股权结构调整提供科学依据。管理层可以据此制订更加合理的股权激励计划，通过引入战略投资者，优化股权结构，促进公司长期稳健发展。

3. 股东关系管理

从股东关系管理的角度来看，智能会计有助于构建和谐、互信的投资者关系。传统的股东沟通方式，如股东大会、电话会议等，往往受时间、地点的限制，难以满足广大中小股东的诉求。智能会计平台可以搭建起公司与投资者之间便捷、高效的沟通渠道。股东可以通过网络随时查询公司的财务数据，了解经营动态，参与重大决策的讨论。公司管理层也可以利用智能会计系统收集、分析股东的意见和建议，及时回应其关切，化解潜在矛盾。这种基于数据和技

术的互动模式，能够增进公司与股东之间的理解和信任，形成良性互动，实现共赢发展。

4. 股东监督

从股东监督的角度来看，智能会计为加强股东对公司的监管提供了有力工具。受制于专业知识和信息不对称，中小股东往往难以对公司财务运作实施有效监督。智能会计系统可以通过设置预警指标、异常提示等功能，及时发现和揭示潜在的财务风险点，如关联交易、非经常性损益等。这些信息的及时披露，可以引起广大股东的关注和质疑，形成外部监督压力，倒逼公司规范运作、提高治理水平。同时，区块链等新兴技术的应用，也为股东行使知情权、表决权提供了可靠、透明的技术保障。

（二）权益变动趋势预测

智能会计技术的飞速发展为企业财务预测提供了强大的支持。传统的财务预测往往依赖历史数据的趋势外推，很难准确把握企业未来的发展方向。而智能会计系统能够综合考虑企业内外部环境的变化，通过大数据分析和机器学习算法，对企业未来的财务状况进行科学预测。

在股东权益变动预测方面，智能会计发挥着不可替代的作用。企业股东权益的变动受诸多因素影响，如盈利能力、分红政策、股权结构等。智能会计系统可以从海量的财务数据中提取出关键信息，建立起精准的预测模型。通过对历史数据的训练和优化，系统能够自动识别影响股东权益变动的关键因素，并根据这些因素的变化趋势，对未来一定时期内的权益变动情况做出预测。这种预测不仅考虑了企业自身的经营状况，还充分吸收了宏观经济环境、行业发展趋势等外部信息，具有较高的全面性和前瞻性。

权益变动预测还是投资者进行投资决策的重要参考，投资者可以利用智能会计提供的预测信息，综合评估企业未来的盈利能力和发展前景，进而做出更加理性和科学的投资选择。当预测显示企业未来股东权益稳步增长、回报率保持在较高水平时，投资者可以择机买入，分享企业发展的红利；反之，当预测显示企业股东权益增速放缓、投资风险加大时，投资者则可以及时调整投资策略，规避潜在的风险。投资者通过参考权益变动预测作出合理决策，有利于资本市场的健康发展，促进社会资源的优化配置。

第二节　智能会计在财务绩效评估中的应用实践

一、智能会计在财务绩效评估指标体系构建中的应用

（一）指标选择

指标选择是智能会计在财务绩效评估指标体系构建过程中的首要环节。一套科学、完备的指标体系是开展财务绩效评估的基础，而指标的选择则决定了指标体系的质量和评估结果的可靠性。在智能会计时代，指标选择过程需要综合考虑诸多因素，既要体现传统财务绩效评估的核心要义，又要融入智能会计的创新理念和技术手段。

从传统财务绩效评估的视角来看，指标选择应当遵循相关性、全面性和可比性原则。相关性原则要求选取与企业财务战略目标紧密相关的核心指标，能够真实反映企业财务状况和经营成果。如销售收入增长率、资产收益率等指标都与企业的盈利能力和发展潜力息息相关。全面性原则强调指标体系要覆盖财务活动的各个方面，包括盈利能力、营运能力、偿债能力和成长能力等，形成对企业财务绩效的多维度评价。可比性原则则要求指标的口径和计算方法保持一致，确保纵向跨期和横向跨企业的比较分析具有可靠的基础。

随着智能会计的发展，指标选择应当适应数字经济时代的变革趋势。一方面，海量数据为财务绩效评估提供了更加丰富的信息来源，使得指标的选择范围不断拓宽。除了传统的财务报表数据，智能会计还可以充分利用企业内外部的结构化和非结构化数据，如客户行为数据、供应链数据、社交媒体数据等，选取更多具有前瞻性和预测性的指标，捕捉企业价值创造的新动能。另一方面，智能会计系统的应用也为指标选择提供了新的工具和方法。机器学习算法可以通过数据挖掘和关联分析，识别出对财务绩效产生重大影响的关键指标，揭示指标间的内在规律。自然语言处理技术可以从非结构化的文本数据中提取有价值的信息，丰富指标选择的维度。区块链技术则有助于提高数据的可信度，确保指标选择的客观性和准确性。

在智能会计环境下进行指标选择，还需要注重动态性和前瞻性。企业所处的内外部环境瞬息万变，传统的静态指标体系已经难以适应当前的需求。智能

会计应当建立一套动态调整机制，根据内外部环境的变化和企业战略的调整，及时更新和优化指标体系，确保其始终与企业的发展目标保持一致。此外，指标选择还应当体现前瞻性和预测性，引入反映企业未来发展潜力和风险状况的指标，如创新能力指标、风险管理指标等，为企业决策提供超前指引。

（二）指标权重设定

指标权重的科学设定是智能会计系统在财务绩效评估指标体系构建中的关键环节。它直接关系到评估结果的合理性和可靠性，进而影响企业决策的正确性。在传统的财务绩效评估中，指标权重的确定主要依赖专家的经验和主观判断，难免存在片面性和随意性。而智能会计系统的应用，为指标权重的科学设定提供了新的思路和方法。

智能会计系统可以综合运用层次分析法、熵值法、变异系数法等多种定量方法，并结合企业实际情况和行业特点，客观计算各项指标的权重。以层次分析法为例，智能会计系统首先根据指标之间的逻辑关系，构建一个多层次的指标体系，然后通过两两比较的方式，确定各指标的相对重要性，并运用数学方法计算出权重向量。这种方法不仅能够合理处理指标之间的依赖关系，还能够量化专家的定性判断，使权重分配更加科学、精准。

智能会计系统能够动态调整指标权重，以适应内外部环境的变化。传统的指标权重一旦确定，往往难以随时修正，导致评估结果滞后于企业实际。而智能会计系统可以通过机器学习算法，持续优化权重分配模型，根据企业经营状况的变化、行业发展趋势的演变等因素，实时调整指标权重，使评估结果更具时效性和敏捷性。

智能会计系统还能够实现指标权重的个性化设置，满足不同企业、不同管理者的差异化需求。由于企业所处的发展阶段、战略目标、管理风格等存在差异，对财务绩效评估指标的侧重点也各不相同。智能会计系统可以根据企业的特定需求，灵活设置指标权重，突出关键指标的重要性，淡化次要指标的影响，使评估结果更符合企业实际，更具针对性和可操作性。

（三）指标数据收集

指标数据收集是智能会计在财务绩效评估中的关键环节之一，它直接影响后续数据分析的质量和评估结果的可靠性。指标数据的收集需要兼顾全面性、准确性和时效性，确保数据来源的权威性和可追溯性。这对财务人员的专业素养和职业操守提出了较高要求。

1. 明确数据需求和采集标准

财务人员应根据绩效评估指标体系，细化每个指标的定义、计算公式和数据来源，制定统一的数据采集规范。这有助于保证不同部门、不同时期收集的数据具有可比性，为后续的横向对比和纵向分析奠定基础。同时，数据采集标准的制定还应充分考虑各业务部门的实际情况，在可操作性和科学性之间找到平衡点。

2. 拓宽数据收集渠道，提高数据采集效率

传统的财务数据主要来源于财务报表和会计账簿，这些结构化数据易于提取和加工，但往往滞后于业务活动，难以满足实时性要求。智能会计系统的应用为指标数据收集开辟了新的途径。例如，通过与 ERP 系统对接，财务人员可以实时获取销售、采购、库存等业务数据；利用大数据分析技术，还可以从海量非结构化数据中挖掘有价值的信息，如客户评价、市场舆情等。数据采集渠道的拓宽不仅提高了数据收集的效率，更为绩效评估提供了更加立体、全面的数据支撑。

3. 强化数据质量控制，确保数据的真实性和准确性

在数据采集过程中，难免会出现人为错误、系统故障等导致的数据偏差。如果这些偏差未能及时发现和纠正，就会影响绩效评估结果的可信度。因此，财务人员应建立完善的数据质量控制机制，从数据采集源头入手，规范操作流程，减少人为失误。同时，还要充分利用智能会计工具进行数据校验，通过设置合理性检查规则，自动识别异常数据，提高数据质量。

4. 注重数据安全保护，防范数据泄露风险

财务数据涉及企业的商业机密和员工的隐私信息，一旦发生泄露，不仅会给企业造成经济损失，还可能引发法律纠纷。在收集和存储指标数据时，财务人员必须严格遵守数据安全制度，采取加密、访问控制等技术手段，最大限度地降低数据泄露风险。与此同时，财务人员还应增强数据安全意识，杜绝将数据复制到私人设备、擅自对外泄露等不当行为。

二、智能会计在财务绩效评估反馈中的应用

(一) 反馈数据分析

在绩效评估过程中，收集到的各类反馈数据中蕴含着丰富的信息，需要运用先进的数据分析技术和方法进行深入挖掘，以支持财务决策和管理优化。智能会计凭借其强大的数据处理和分析能力，能够高效、准确地完成这一任务，为企业提供及时、可靠的决策支持。

从数据源头来看，反馈数据可以来自多个渠道，如内部员工反馈、客户满意度调查、供应商评价等。这些数据形式多样，包括结构化数据和非结构化数据，如文本、音频、视频等。智能会计系统能够对这些异构数据进行采集、清洗和整合，将其转化为统一的数据格式，为后续分析奠定基础。同时，智能会计还能够对数据质量进行评估，剔除噪声数据，确保分析结果的可靠性。

在数据分析阶段，智能会计可以运用机器学习、深度学习等人工智能技术，对反馈的数据进行全面、深入的分析。例如，通过自然语言处理技术，智能会计可以对文本形式的反馈数据进行情感分析，识别其中的正面和负面情绪，了解员工、客户对企业的真实看法。又如，通过聚类分析和关联分析，智能会计可以发现反馈数据中隐藏的模式和规律，如员工反馈中频繁出现的问题、客户投诉的高发领域等，为管理层决策提供有力支撑。

智能会计还能够利用可视化技术，将复杂的分析结果转化为直观、易懂的图表和报告。通过仪表盘、关键绩效指标（KPI）等形式，管理层可以实时监测绩效评估的进展和结果，及时发现问题并采取应对措施。同时，可视化还能够促进不同部门、不同层级之间的沟通和协作，提高绩效管理的透明度和执行力。

(二) 反馈结果应用

在财务绩效评估中，反馈结果的有效应用是一个关键环节。通过科学的反馈机制，将评估结果及时、准确地传递给相关方，并根据反馈信息不断优化绩效管理流程，是智能会计发挥价值、推动企业高质量发展的重要保障。

1. 智能会计技术为实现及时、全面的反馈提供了技术支撑

借助大数据分析和人工智能算法，智能会计系统能够快速处理海量的财务数据，自动生成可视化的绩效报告，直观呈现关键指标的完成情况。通过移动终端、云平台等渠道，评估结果能够实时推送给管理层、业务部门，大大缩短了信息传递的时间，提高了反馈的时效性。同时，智能会计还能根据反馈对象的特点，个性化定制反馈内容和形式，增强反馈的针对性和可读性。

2. 反馈结果的有效应用离不开各相关方的积极参与和密切配合

管理层要高度重视绩效反馈，将其作为决策依据，科学制定改进措施。在反馈会、述职会等场合，管理者应当与被评估对象面对面沟通，解读评估结果，分析存在的问题，明确改进方向。这种直接、坦诚的交流有助于凝聚共识，调动积极性，形成合力推动绩效改进。业务部门要虚心接受评估结果，主动分析自身不足，制订整改方案。评估专员应当充分发挥专业优势，为整改工作提供咨询和指导，确保整改措施落到实处、取得实效。

3. 反馈结果应用的着力点在于持续改进，促进企业良性发展

绩效反馈不是一锤子买卖，而是需要常抓不懈、久久为功。智能会计可以持续监测整改进度，定期开展“回头看”，评估整改成效。对标对表找差距，坚持问题导向抓整改，才能让绩效管理形成闭环，实现螺旋式提升。业务流程的优化、管理制度的完善、人员素质的提升，都需要在评估、反馈、整改的循环中去持续推进。唯有如此，才能真正将绩效反馈的价值最大化，推动企业行稳致远。

4. 协同是绩效反馈应用的题中应有之义

财务绩效与业务运营、战略实施等环节息息相关，单靠财务部门难以实现全面完善的绩效管理。智能会计要发挥系统优势，加强与业务系统、管理系统的集成，实现数据共享、流程贯通。同时，还要注重与人力资源部门协作，将绩效结果与干部选拔、薪酬发放、培训开发等工作联动，强化正向激励，促进人尽其才。内外部审计也应当关注绩效反馈的应用情况，评估其规范性、有效性，提出优化建议。这种多方参与、上下联动的大协同格局，能够最大限度地释放绩效管理红利，实现财务与业务的共同进步。

三、智能会计在财务绩效评估结果解读中的应用

（一）数据解读方法

智能会计在财务绩效评估结果解读中发挥着重要作用，通过科学合理的数据解读方法，能够深入挖掘财务数据背后的内在规律，为管理层决策提供有力支撑。具体而言，智能会计主要借助数据挖掘、机器学习等先进技术，对海量的财务数据进行智能化分析和解读。

传统的财务绩效评估结果解读往往依赖财务人员的经验和判断，存在主观性强、效率低下等问题。而智能会计则能够通过算法模型，快速准确地识别数据中的关键信息和异常情况，揭示财务运行的内在规律。例如，智能会计可以运用关联规则分析，发现不同财务指标之间的关联性，判断哪些因素对企业盈利能力、偿债能力等产生重要影响。又如，智能会计可以利用聚类分析，将相似的财务数据归为一类，识别出企业在不同业务领域、不同时期的财务表现差异。通过这些分析，管理层能够更加全面、客观地认识企业的财务状况，及时发现潜在风险，制定有针对性的改进措施。

此外，智能会计还能够通过可视化技术，将复杂的财务数据转化为直观易懂的图表和报告。传统的财务报告往往以枯燥的数字和表格为主，难以快速传递关键信息。而智能会计生成的可视化报告则能够通过丰富的色彩、合理的布局，清晰地展示各项财务指标的变化趋势、内在联系，让管理层一目了然地把握企业财务状况。例如，智能会计可以绘制营收增长曲线、成本构成饼图、现金流量瀑布图等，直观反映企业营收质量、成本控制、现金流管理等方面的表现。

智能会计的数据解读方法不仅能够应用于历史数据分析，还能够结合预测模型，对企业未来的财务表现进行预测和规划。通过机器学习算法，智能会计可以在海量历史数据中训练出财务预测模型，根据当前的财务状况和市场环境，预测未来一段时期内的营收、利润、现金流等关键指标。管理层可以利用这些预测结果，提前调整经营策略，优化资源配置，实现精准化管理。例如，智能会计的销售预测模型可以根据历史销售数据、客户订单、市场趋势等因素，预测未来几个月的销售收入，帮助企业合理安排生产计划、控制库存水平。又如，智能会计的现金流预测模型可以分析应收账款回收、采购付款等历史数据，预测未来一段时期的现金流缺口，帮助企业提前做好融资安排，防范流动性风险。

（二）关键指标分析

在财务绩效评估结果解读过程中，关键指标分析是至关重要的一环。这些指标能够直观反映企业财务状况和经营成果，为管理者提供宝贵的决策参考。智能会计系统的应用，使得关键指标分析更加高效、准确和全面。

传统的财务分析往往局限于少数几个主要指标，如销售收入、净利润等，难以全面评估企业的财务健康状况。而智能会计系统则能够从海量数据中自动提取和计算各项关键指标，涵盖盈利能力、营运效率、偿债能力、成长能力等方方面面。这些指标相互补充、相互印证，为企业财务绩效画像提供了立体、多维的视角。

以盈利能力指标为例，除了常见的销售净利率、资产收益率外，智能会计系统还能够计算出主营业务利润率、成本费用利润率等更细化的指标。这些指标能够揭示企业盈利的真实来源，发现潜在的成本控制问题，为管理层优化资源配置提供依据。例如，应收账款周转率等营运效率指标，智能算法能够实时监测其变化趋势，及时预警回款风险，帮助企业维护现金流健康。

智能会计不仅能够计算关键指标，还能通过数据挖掘和机器学习，揭示指标间的内在联系，建立量化模型。例如，通过分析销售额与存货周转率、应收账款周转率的相关性，预测未来一段时期的现金流波动，提前采取应对措施。又如，通过主成分分析等方法，从众多指标中提炼出少数几个能够反映企业整体财务状况的综合指标，简化分析过程，提高决策效率。

借助数据可视化技术，智能会计还能够直观呈现关键指标分析结果。通过柱状图、折线图、雷达图等丰富多样的图表，管理者能够快速把握指标变化趋势，识别异常波动。图表的颜色、大小等视觉元素也能直观传递信息。例如，用红色标识高于警戒值的指标，以引起管理者的注意。可视化大屏还可以将关键指标与行业基准、历史同期数据进行对比，增强分析的针对性和可解释性。

第三节　智能会计在财务投资决策支持中的应用实践

一、智能会计在财务投资机会识别中的应用

（一）机器学习算法

机器学习作为人工智能的核心技术之一，在财务投资机会识别中发挥着越

来越重要的作用。传统的投资机会识别主要依赖财务人员的专业判断和经验，存在主观性强、效率低下等问题。而机器学习算法能够通过对海量财务数据的分析和挖掘，快速、准确地发现潜在的投资机会，为投资决策提供科学的依据。

从技术原理来看，机器学习在投资机会识别中主要应用监督学习和非监督学习两类算法。监督学习算法如支持向量机（SVM）、随机森林等，通过对已知投资案例的学习和训练，建立起投资机会预测模型。当输入新的财务数据时，模型能够自动判断其是否符合投资标准，并给出投资建议。非监督学习算法如聚类分析、关联规则挖掘等，能够在没有预设标签的情况下，自动发现数据中隐藏的模式和规律，揭示出潜在的投资机会。例如，聚类分析可以将上市公司划分为不同的类别，识别出具有相似财务特征的公司群体，为投资者提供参考。

从应用领域来看，机器学习在股票投资、债券投资、风险投资等多个领域都有广泛应用。在股票投资领域，机器学习可以通过分析上市公司的财务报表、市场行情、新闻舆情等多源数据，预测股价走势，发现被低估的优质股票。在债券投资领域，机器学习可以通过分析债券发行人的信用评级、财务状况、宏观经济环境等因素，评估债券的违约风险，优选高收益低风险的债券品种。在风险投资领域，机器学习可以通过分析初创企业的商业模式、技术路线、团队背景等维度，预测企业的成长潜力，发现具有投资价值的“独角兽”。

（二）投资机会筛选

随着大数据和机器学习技术的快速发展，传统的投资决策模式已经难以满足日益复杂的市场环境和海量信息处理的需求。智能会计系统通过集成数据挖掘、模式识别、预测分析等先进算法，能够从海量的财务数据和市场信息中快速、准确地发现潜在的投资机会，并对其进行全面评估和优选，为企业的投资决策提供强有力的支持。

其一，智能会计在投资机会筛选中的突出优势在于其强大的数据处理和分析能力。面对当前多源异构、动态变化的大数据环境，智能会计系统能够对内外部数据进行高效采集、清洗和整合，并运用多维度、多角度的分析方法，深入挖掘数据背后隐藏的投资机会和市场趋势。例如，智能会计可以通过对上市公司财务报表、资本市场动向、行业发展趋势等结构化数据的综合分析，识别出具有投资价值的目标企业和潜力股。又如，智能会计可以利用自然语言处理、情感分析等技术，对新闻媒体、社交网络等非结构化数据进行语义挖掘，捕捉市场舆情动向，预判可能出现的投资风险和机遇。这种全方位、立体化的数据分析能力，使智能会计能够在纷繁复杂的市场环境中准确把握投资脉搏，为企业的投资决策提供全景式的信息支持。

其二，智能会计在投资机会筛选中的另一个优势在于其科学、客观的评估方法。传统的投资决策往往依赖决策者的主观判断和经验直觉，存在着认知偏差和盲目跟风的风险。而智能会计系统则以机器学习算法为基础，通过对历史数据和市场表现的深度训练，建立起完善、可靠的投资评估模型。这些模型能够从多个维度对投资标的进行量化分析，如盈利能力、成长性、抗风险能力等，并运用类别权重、层次分析等科学方法，对不同指标的重要性进行合理判断和动态调整。在此基础上，智能会计还可以结合实时市场反馈，对评估模型进行持续优化和自我学习，不断提高其预测的准确性和适应性。这种数据驱动、机器学习的评估方式，能够最大限度地排除人为因素的干扰，为投资决策提供客观、中肯的参考依据。

其三，智能会计在投资机会筛选中还体现了显著的效率优势。在当前瞬息万变的市场环境下，捕捉投资机会的速度至关重要。智能会计系统凭借其强大的计算能力和并行处理能力，能够在极短的时间内完成海量数据的采集、分析和建模，大幅缩短投资决策的反应时间。同时，智能会计还可以利用知识图谱、智能搜索等技术，建立企业内外部的信息共享机制，实现财务、业务、市场等部门的无缝协同，从而提高整个组织的运作效率。另外，智能会计系统可以根据企业的风险偏好和投资策略，对筛选出的投资机会进行自动排序和推荐，使决策者能够聚焦于最优质、最匹配的选择，避免了低效的重复筛查和对比分析。这种高度智能化、自动化的筛选机制，使企业能够以更敏捷、更高效的方式把握市场先机，在复杂多变的投资环境中赢得竞争优势。

二、智能会计在财务投资组合优化中的应用

（一）风险评估模型

在财务投资决策中，风险评估是一个至关重要的环节。投资者需要全面、系统地分析潜在风险，制定科学的评估模型，才能作出正确的投资决策，实现投资收益最大化和风险最小化的平衡。智能会计技术的发展为风险评估模型的构建提供了新的思路和方法，有助于提高风险评估的精准度和有效性。

智能会计系统可以通过机器学习算法，对历史数据进行深度挖掘和分析，

识别出影响投资风险的关键因素，如宏观经济环境、行业发展趋势、企业财务状况等。基于这些因素，系统可以建立多维度、动态化的风险评估指标体系，全面刻画投资标的的风险特征。与传统的静态风险评估模型相比，智能会计系统构建的风险评估模型更加全面和动态，能够实时捕捉风险变化，为投资决策提供更加可靠的依据。

在构建风险评估模型的过程中，智能会计系统还可以运用大数据分析、知识图谱等前沿技术，深入挖掘风险要素之间的内在联系，揭示风险传导的路径和机制。通过梳理风险要素的因果关系和传导链条，系统能够预判风险的演化趋势，提前制订风险应对预案。这种前瞻性的风险分析和预警，可以大大降低投资决策的不确定性，提高风险管控的主动性和针对性。

智能会计系统可以引入机器学习算法，不断优化和完善风险评估模型。通过对模型预测结果与实际情况的偏差进行分析，系统能够自主学习和调整模型参数，不断提高风险评估的准确性。这种自我迭代和优化的能力，使得智能会计构建的风险评估模型具有更强的适应性和鲁棒性，能够适应复杂多变的投资环境。

（二）投资组合构建

投资组合构建是智能会计在财务投资决策支持中的关键环节。智能会计系统通过大数据分析和机器学习算法，能够全面评估各类金融资产的风险收益特征，并根据投资者的风险偏好和投资目标，优化资产配置比例，构建出稳健、高效的投资组合。与传统的投资组合构建方法相比，智能会计系统在组合优化中展现出显著优势。

首先，智能会计系统可以处理海量的金融市场数据，包括资产价格、交易量、宏观经济指标等，通过数据挖掘和特征工程，提取出与资产收益有显著相关性的因子，并构建多因子选股模型。这种数据驱动的选股方法能够克服人为主观判断的局限，发掘出传统方法难以捕捉的超额收益机会。

其次，智能会计系统能够动态优化投资组合的资产权重。传统的资产配置方法往往基于资产的历史数据进行权重设置，难以适应金融市场瞬息万变的特点。而智能会计系统可以根据资产的实时波动情况，使用马尔科维茨投资组合理论等现代投资组合优化技术，动态调整各资产的配置比例，在控制组合风险的同时，力争获取最大化的投资收益。

最后，智能会计可以利用增强学习等人工智能技术，模拟投资组合的多期博弈过程，找到最优的动态再平衡策略。与传统的固定周期再平衡方法不同，增强学习可以根据宏观经济形势、投资者风险偏好的变化等因素，学习并调整资产配置策略，在保证投资组合长期稳健的同时，提高资金的使用效率。

三、智能会计在财务投资风险评估中的应用

（一）风险识别方法

智能会计在财务投资风险识别中发挥着日益重要的作用。传统的风险识别方法主要依赖财务人员的经验和判断，存在主观性强、效率低下等问题。而智能会计系统通过机器学习算法和大数据分析技术，能够从海量的财务数据中快速、准确地识别出潜在的投资风险，大大提高了风险识别的效率和精准度。

1. 风险类型

从风险类型来看，智能会计系统可以识别出多种类型的财务投资风险。首先是市场风险，即由于市场价格波动导致的投资损失风险。智能会计系统可以通过分析股票、债券等金融资产的历史价格数据，构建风险预测模型，及时发现市场异常波动，提示潜在的投资风险。其次是信用风险，即由于交易对手违约导致的投资损失风险。智能会计系统可以通过分析交易对手的财务状况、信用评级等数据，评估其违约可能性，识别高风险交易对手。再次是操作风险，即由于内部流程、人员、系统的失误或外部事件导致的投资损失风险。智能会计系统可以通过监测交易行为，识别异常交易模式，发现潜在的操作风险隐患。最后，智能会计系统可以识别法律合规风险、声誉风险等其他类型的投资风险。

2. 风险识别的技术路径

从风险识别的技术路径来看，智能会计主要采用以下几种方法。一是构建风险预警模型。通过分析历史数据，总结风险事件的特征和规律，建立风险预警指标体系，当实际财务数据触发预警阈值时，系统会自动发出风险提示。二是应用机器学习算法。将历史风险事件数据作为训练样本，运用决策树、支持向量机、神经网络等机器学习算法，建立风险识别模型，对新的财务数据进行实时风险判别。三是利用知识图谱技术。将财务领域的知识抽象为实体、属性、关系等要素，构建财务知识图谱，通过知识推理和关联分析，揭示风险因素之

间的复杂关联，提升风险识别的全面性和准确性。四是整合内外部数据。除了企业内部的财务数据，智能会计系统还可以融合外部的宏观经济数据、行业数据、新闻舆情数据等，实现更加全面立体的风险监测。

3. 风险管控的闭环

从风险管控的闭环来看，智能会计系统的风险识别是风险管理的起点和基础。一方面，智能会计系统通过实时、动态地识别出投资项目存在的各类风险，形成风险清单和风险报告，提醒财务人员和管理层把控风险；另一方面，风险识别结果将触发后续的风险评估、风险决策等管理行动，驱动企业资源向风险管控领域倾斜，提高风控措施的针对性。此外，在风险识别过程中积累的数据和知识，可以反哺优化智能会计系统本身，形成风险管理的良性循环。

（二）风险量化分析

智能会计系统通过大数据分析和机器学习算法，能够对企业的财务投资风险进行全面、客观的量化分析。传统的财务风险评估主要依赖专业人员的主观判断，存在经验有限、评估不够全面等问题。而智能会计系统则可以利用海量的历史数据和复杂的数学模型，从多个维度对风险进行量化评估，大大提高了风险分析的科学性和准确性。

在风险识别方面，智能会计系统能够综合考虑宏观经济环境、行业发展趋势、企业自身财务状况等多方面因素，通过数据挖掘和关联分析，发现潜在的风险点。例如，系统可以通过对企业现金流量表的智能分析，识别出资金链紧张、偿债能力下降等风险信号。又如，系统可以利用自然语言处理技术，分析管理层报告、行业新闻等非结构化数据，捕捉行业政策变化、市场竞争加剧等风险因素。智能系统的全面性和敏锐性，可以帮助企业及早发现隐藏的投资风险，为风险防范赢得宝贵时间。

在风险量化分析方面，智能会计系统运用数理统计、金融工程等方法，构建风险评估模型，对各类风险因素进行量化评分。例如，系统可以通过分析企业的资产负债率、流动比率等财务指标，评估其财务风险水平；通过对宏观经济指标和行业景气度指数的量化分析，评估系统性风险；通过构建期权定价模型，量化项目的市场风险。通过将定性分析与定量计算相结合，智能系统能够客观、准确地评估投资项目的风险收益特征，为决策提供有力支撑。

四、智能会计在财务投资回报预测中的应用

（一）回报预测模型

传统的投资回报预测模型往往依赖历史数据的线性外推，难以应对市场的复杂性和不确定性。面对当前经济形势的快速变化，智能会计系统中的机器学习算法为回报预测带来了新的契机。这些算法能够从海量的结构化和非结构化数据中自主学习，发现隐藏的模式和关联，从而对未来的投资回报做出更加精准的预测。

第一，基于深度学习的神经网络模型能够挖掘历史数据背后的非线性关系，捕捉市场波动的内在规律。与传统的统计学模型相比，深度神经网络具有更强的拟合能力和泛化能力，能够从多维度、多尺度的角度刻画资产价格的动态变化。例如，卷积神经网络（CNN）可以有效处理时间序列数据，提取价格波动的局部特征；循环神经网络（RNN）则擅长捕捉时序依赖，揭示市场情绪的演化规律。通过合理设计网络结构和训练策略，深度学习模型能够准确预测未来一段时期内的投资回报率，为投资决策提供可靠依据。

第二，强化学习为动态优化投资组合提供了新思路。与监督学习不同，强化学习不需要预先标注的训练数据，而是通过智能体与环境的持续交互来学习最优策略。在投资领域，强化学习算法可以根据市场状态的实时反馈，动态调整资产配置比例，追踪收益率最大化的投资路径。强化学习为投资组合的动态构建和风险控制开辟了新的方向，有望持续提升投资回报的稳健性和盈利能力。

第三，多任务学习有助于提高回报预测的鲁棒性和外延性。现实中的投资问题往往涉及多个相关的预测任务，如收益率预测、波动率预测、资产相关性预测等。多任务学习通过共享不同任务间的特征表示，可以充分利用任务之间的相关性，缓解单一任务上的数据稀疏问题，提高模型的泛化能力。例如，多任务长短期记忆网络（Multi－task LSTM）能够同时对多个股票的收益率、波动率等进行建模，通过共享 LSTM 层实现不同股票、不同指标间的信息融合，从而得到更全面、更稳健的预测结果。多任务学习有望成为未来智能投资系统的重要范式，实现对市场全貌的宏观把握和对投资机会的精准捕捉。

第四，图神经网络为刻画市场主体间的关联结构提供了有力工具。传统的机器学习方法往往将不同资产视为独立的个体，忽略了它们在产业链、供应链

等网络中的内在联系。图神经网络通过邻接矩阵描述节点之间的拓扑关系，并在传播过程中聚合节点的特征信息，能够揭示出市场主体间的动态影响和联动效应。例如，在股票关联关系预测中，图卷积网络（GCN）可以建模上市公司间的产业链关系、所有权结构等，刻画股价波动的内在驱动因素；而在投资者情绪分析中，图注意力网络（GAT）则可以描述投资者在社交网络中的交互模式，洞察市场情绪的传导规律。图神经网络有望成为未来金融大数据分析的核心技术，为投资回报预测提供更多结构化的先验知识。

（二）历史数据分析

历史数据分析在财务投资回报预测中具有重要作用。通过对企业历史财务数据和市场走势数据的深入挖掘，可以发现企业经营状况和行业发展趋势中蕴含的规律和模式，为投资决策提供有价值的参考依据。智能会计技术的应用，极大地提升了历史数据分析的效率和精准度。

智能会计系统可以自动收集、整理和存储企业财务数据，形成结构化的历史数据库。这为数据分析奠定了坚实的基础。传统的人工处理方式容易出错，且效率低下，难以应对海量数据。而智能会计系统能够快速、准确地完成数据采集和预处理，确保数据质量，为后续分析提供高质量的数据支撑。

在此基础上，智能会计系统可以运用大数据分析、机器学习等先进技术，对历史数据进行全方位、多角度地挖掘。例如，通过对企业历年财务报表数据的纵向对比分析，揭示企业盈利能力、营运效率、偿债能力等方面的变化趋势；通过对同行业企业财务数据的横向比较分析，判断企业的行业地位和竞争优劣势；通过对宏观经济数据与企业财务数据的关联分析，评估经济周期、政策变动等外部因素对企业经营的影响。智能会计系统还能够利用聚类、关联、演化等数据挖掘算法，发现数据背后隐藏的模式和规律，为投资决策提供新颖、独特的视角。

历史数据分析的结果可用于投资回报预测模型的建构和优化。一方面，通过对历史数据的归纳总结，可以发现影响企业财务绩效和投资回报的关键因素，筛选出具有预测能力的指标体系，为模型搭建提供理论依据和数据支持；另一方面，历史数据也是检验和修正预测模型的重要依据。通过将模型预测结果与实际数据进行比对，可以评估模型的准确性和稳健性，并不断调整优化模型参数，提高预测的可靠性。

（三）预测结果验证

预测结果验证是智能会计在财务投资回报预测应用中的关键环节。通过对预测模型输出的结果进行验证分析，可以评估模型的预测准确性和可靠性，为后续的模型优化和决策支持提供重要依据。验证过程通常包括将预测结果与实际投资回报数据进行对比，计算预测误差和偏差，分析预测结果的稳定性和一致性等。

1. 收集实际投资回报数据

收集实际投资回报数据需要从各种内部和外部数据源获取与预测期相对应的真实回报数据，如投资项目的实际收益率、股票或基金的实际涨跌幅等。获取的实际数据须经过必要的清洗和预处理，以保证其准确性和完整性。在实际数据准备就绪后，即可将其与预测模型的输出结果进行对比。通过计算预测值与实际值之间的差异，可以得出预测误差和偏差等关键指标。预测误差反映了预测值与实际值的绝对差距，而预测偏差则表示预测值是否存在系统性高估或低估的趋势。

2. 动态跟踪预测结果的变化趋势

通过连续多期的预测-验证对比，可以评估预测模型在不同时间窗口下的稳定性和一致性。一个优秀的预测模型应该能够在各个时期都保持较高的预测准确率，并且预测误差和偏差应随时间推移而逐渐收敛。如果发现预测结果出现大幅波动或者偏差不断扩大，则需要及时分析原因，检查模型的参数设置和训练数据，必要时进行模型调优或重建。

3. 细分维度的分析

除了整体的预测准确性评估，还需要深入不同的投资品种、行业领域、地域市场等分类维度，评估预测模型在各个细分领域的适用性。这种细分维度的验证有助于发现模型在特定领域的优势和短板，为后续的模型优化和应用决策提供更加精准的方向指引。同时，细分维度验证也有助于识别一些极端或异常情况，如个别投资品种的预测误差显著高于其他品种，或者某些细分市场的预测结果与整体趋势明显背离等。通过及时发现和应对这些异常情况，可以提高预测模型的稳健性和风险控制能力。

五、智能会计在财务投资决策实施中的应用

（一）决策支持系统

决策支持系统是智能会计在财务投资决策中发挥重要作用的关键载体，它综合运用数据分析、机器学习等先进技术，为财务投资决策提供科学、高效的信息支持。一个优秀的财务投资决策支持系统应具备全面集成的信息处理能力，能够从海量的结构化和非结构化数据中快速提取有价值的信息，并通过数据可视化等手段直观呈现，为决策者提供全景式的信息视图。同时，系统还应内置智能化的分析模型和算法，能够深入挖掘数据背后的关联性和规律，自动生成投资建议和预警信号，辅助决策者做出更加精准、及时的判断。

在实际应用中，财务投资决策支持系统的构建需要兼顾业务需求和技术来实现平衡。一方面，系统的功能设计应紧密结合企业的投资管理流程和决策机制，充分考虑不同决策主体的信息需求和使用习惯，提供个性化、差异化的服务；另一方面，系统的技术架构应具备良好的可扩展性和灵活性，能够快速响应业务变化和技术升级，实现系统功能的持续优化和迭代。此外，数据安全和隐私保护也是构建决策支持系统必须重视的因素。系统应严格遵循相关法律法规和行业标准，采取有效的数据加密、访问控制等措施，最大限度地保障敏感数据的机密性和完整性。

财务投资决策支持系统的应用效果取决于多方面因素的协同。首先，系统的使用需要与组织的财务管理体系深度融合，形成规范化、体系化的业务流程和操作规范。其次，决策者应积极转变思维方式，学会利用系统提供的量化分析工具和模型，将定性和定量分析有机结合，不断提升决策的科学性和前瞻性。最后，企业应加强对相关人员的培训和赋能，帮助其全面掌握系统的功能和使用方法，充分发挥系统在财务投资决策中的支持作用。

（二）实施方案制订

在财务投资决策实施过程中，智能会计可以发挥重要作用，为企业提供有力的决策支持。智能会计系统利用大数据分析和机器学习算法，能够快速处理海量财务数据，挖掘其中蕴含的投资机会和风险因素，为决策实施提供科学依据。同时，智能会计还能实时监控投资项目的执行情况，及时发现偏差并提出

预警，确保决策方案得到有效落实。

1. 投资实施方案制订

基于前期的投资机会识别和组合优化，智能会计系统能够自动生成可行性报告，明确投资项目的目标、预算、进度安排等关键要素，为决策实施提供明确的行动指南。这不仅能够提高方案制订的效率，还能最大限度地减少人为因素的干扰，保证实施方案的科学性和可操作性。

2. 资金调配和使用管理

投资决策的执行离不开资金的支持，而资金的合理调配和高效使用是确保投资收益的关键。智能会计系统可以根据投资项目的资金需求，自动匹配最优的资金来源，并实时监控资金的使用情况。一旦发现资金使用效率低下或者出现挪用、浪费等问题，系统就会立即预警，提醒管理者采取应对措施。这种实时动态的资金管理模式，可以最大限度地提高资金使用效率，规避资金风险，为投资项目的顺利实施保驾护航。

3. 投资绩效评估

传统的投资绩效评估往往滞后于投资活动的开展，且受主观因素影响较大，难以真实反映投资的实际效果。而智能会计系统则可以在投资活动开展的同时，持续跟踪关键绩效指标的变化情况，并将其与预期目标进行对比分析。一旦发现绩效与预期出现较大偏离，系统就会自动诊断原因，提出改进建议。管理者可以据此及时调整投资策略，优化资源配置，从而最大化投资回报。这种实时、客观、全面的绩效评估方式，可以显著提高投资管理的精细化水平。

（三）实施过程监控

实时监控财务投资决策的实施过程是智能会计应用的重要环节。它利用大数据分析和机器学习算法，对投资执行情况进行全方位、多维度的实时跟踪和监测。通过采集和处理海量的交易数据、市场信息和风险指标，智能会计系统能够动态评估投资决策的执行效果，及时发现偏离预期目标的异常情况。

1. 实时监控有助于保障投资决策的有效落实

在复杂多变的金融市场环境下，投资计划的执行往往会受到各种内外部因素的干扰和影响。智能会计系统通过对交易执行情况进行实时监测，能够准确把握投资进度，评估执行过程中的风险和收益状况。当发现交易执行偏离既定计划时，系统可以及时预警，为投资管理人员提供有针对性的决策支持。这不仅能够降低决策执行风险，提高资金使用效率，也为动态优化投资策略提供了依据。

2. 实时监控为投资绩效评估提供了数据基础

传统的投资绩效评估通常是事后进行，难以全面反映投资过程的动态变化。而智能会计系统则能够在投资执行的各个阶段持续采集数据，动态记录交易行为和市场反应。这些高频数据不仅能够用于事中监控和风险预警，也是事后开展投资绩效归因分析和业绩考核的重要依据。基于数据驱动的实时监控，投资绩效评估更加客观、准确，有助于优化激励机制，提高投资管理水平。

3. 智能会计可以通过实时监控实现投资风险的动态管理

金融市场的风险因素复杂多样，传统的风险管理手段往往滞后和被动。借助机器学习算法和风险量化模型，智能会计系统能够实时计算多维度的风险指标，动态评估投资组合和个股的风险。当市场环境和风险结构发生变化时，系统可以敏捷地调整风险监控的重点，优化风险预警阈值。实时、动态的风险监控有利于投资机构快速响应市场变化，将投资风险控制在可承受范围内。

第五章　智能会计驱动的业务转型与发展

第一节　智能会计驱动的业务流程再造

一、智能会计驱动的业务流程自动化

（一）自动化技术应用

自动化技术在智能会计驱动的业务流程再造中扮演着关键角色，它通过将重复性、规则性的任务交由计算机系统完成，解放了会计人员的时间和精力，使其能够专注于更具创造性和战略性的工作。自动化技术的应用涵盖了财务流程的各个方面，包括会计核算、财务报告、税务管理、资金管理等。

1. 会计核算

在会计核算领域，自动化技术可以通过智能算法和模式识别，自动完成发票识别、账务处理、凭证录入等工作。这不仅大幅提高了核算效率，降低了人工操作的失误率，更实现了会计信息的实时更新和共享。财务人员可以随时掌握企业的财务状况，及时发现和解决问题。同时，自动化技术还能智能匹配和校验会计分录，确保会计处理符合准则要求，提高了财务信息质量。

2. 财务报告

在财务报告编制方面，自动化技术可以快速汇总和整合海量财务数据，自动生成包括资产负债表、利润表、现金流量表在内的各类报表。传统的报表编制工作往往需要财务人员投入大量时间和精力，而自动化系统能在短时间内完成，并确保报表数据的准确性和一致性。这使得财务人员能够从烦琐的报表编制工作中解脱出来，将更多精力投入报表分析和决策支持上。

3. 税务管理

面对日益复杂的税收政策和频繁变化的税务规定，传统的人工税务处理方

式已经难以为继。税务自动化系统可以精准计算各项税费，自动生成纳税申报表，并与税务系统无缝对接，实现税务申报和缴纳的网络化、自动化。这不仅确保了企业税务合规，规避了漏报、迟报等风险，还提高了税务处理的效率和准确性。

4．资金管理

资金管理作为企业财务活动的核心，对企业的运营和发展至关重要。资金管理自动化系统可以对企业的资金收支进行全面监控，实现资金预算、资金调度、资金预警等功能。系统可以根据预设规则，自动筛选和匹配资金需求，优化资金配置，提高资金使用效率。同时，系统还能及时预警资金风险，如资金缺口、资金占用等，为财务人员的正确决策提供依据。

（二）自动化系统集成

智能会计技术正在加速推动企业业务流程的自动化，催生出更加高效、智能的系统集成解决方案。传统的业务流程往往由多个独立的系统构成，数据在不同系统之间传递时易出现错误、延迟等问题，影响整体运营效率。而智能会计驱动下的自动化系统集成，能够打通各业务环节，实现数据的无缝对接和实时共享，从而大幅提升业务流程的协同性和连贯性。

在财务管理领域，自动化系统集成的优势尤为明显。通过智能会计系统，企业能够将财务核算、资金管理、税务处理等关键业务环节进行无缝衔接，实现从原始凭证录入到财务报表生成的全流程自动化。这不仅能够减少人工操作环节，提高核算效率和准确性，还能够及时为管理层提供真实可靠的财务数据，为企业决策提供有力支撑。例如，某大型制造企业通过部署智能财务机器人，将发票处理、付款审批、账务处理等关键流程实现自动化，财务人员从烦琐的核算工作中解放出来，将更多精力投入价值分析、风险管控等战略性工作，有效提高了财务管理水平。

在供应链管理领域，自动化系统集成同样大有可为。传统的采购、库存、物流等环节往往分别由不同的系统支撑，缺乏统一协调，难以实现端到端的流程优化。而智能会计系统可以充分利用大数据、物联网等技术，打通供应链各个节点，实现从需求预测、采购计划到仓储配送的全链路自动化管理。通过智能算法和实时数据分析，企业能够动态优化库存水平，降低资金占用；通过自动化的订单处理和物流调度，则可以最大限度地提高供应链的响应速度和交付能力，从而在降本增效的同时，更好地满足市场需求。

（三）自动化流程监控

自动化流程监控是智能会计驱动业务流程自动化的重要组成部分。它通过实时追踪和分析业务流程的运行状态，及时发现并解决流程中存在的问题，确保业务流程的高效、稳定运行。在智能会计背景下，自动化流程监控更显得尤为重要。

1．智能会计系统的应用极大地提高了业务流程自动化的复杂度

传统的业务流程通常是线性的、结构化的，其运行状态相对容易把控。但是，智能会计驱动下的业务流程往往涉及多个系统、多个部门，数据流转错综复杂，任何一个环节的异常都可能影响整个流程的运转。在这种情况下，如果没有有效的监控手段，问题的发现和解决都将非常困难，甚至可能导致严重的业务中断。自动化流程监控能够全面、实时地展现业务流程的运行全貌，通过预先设定的规则和阈值，对各个环节进行实时监测，一旦发现异常情况，即可自动预警并触发相应的处理机制，最大限度地降低问题的影响范围和持续时间。

2．自动化流程监控是实现业务流程持续优化的重要抓手

在智能会计背景下，业务流程的优化不再是一蹴而就，而是一个持续不断的过程。企业需要在运行中不断优化流程、发现问题，并积极改进。自动化流程监控可以持续收集业务流程的运行数据，如各环节的执行时间、资源消耗、数据质量等，形成全面、客观的数据基础。基于这些数据，企业可以深入分析业务流程的瓶颈和薄弱环节，有针对性地制订优化方案。同时，针对优化后的流程，自动化流程监控又可以客观评估其执行效果，形成闭环的持续改进机制。可以说，自动化流程监控为业务流程优化提供了源源不断的动力。

3．自动化流程监控是提高财务管理水平的内在要求

在智能会计环境下，财务管理的重点已经从事后核算转向事中控制，从数据收集转向数据分析。自动化流程监控正是财务管理转型的重要抓手。通过自动化流程监控，财务部门可以实时掌控业务流程中的关键财务数据，如成本、费用、现金流等，并设置相应的预警指标。一旦发现异常，财务部门可以迅速介入，分析原因，制定应对措施。这种前移的、嵌入式的财务管理模式，能够

有效防范财务风险，提高财务管理的针对性和有效性。同时，基于自动化流程监控积累的海量数据，财务部门还可以开展多维度、深层次的分析，挖掘业务流程中隐藏的价值，为企业决策提供有力支持。

4. 自动化流程监控是强化内部控制、确保合规经营的有力保障

随着法律法规的日益严格和社会责任意识的不断增强，合规已经成为现代企业经营的底线。自动化流程监控可以将内控要求和合规标准嵌入业务流程之中，通过实时监测和预警，确保每一个业务环节都严格遵守相关规定。一旦发现违规行为，系统可以自动记录并追溯责任，为后续的问责和整改提供依据。这种常态化、系统化的合规管理方式，能够最大限度地降低企业的合规风险，营造良好的内外部经营环境。同时，自动化流程监控所记录的监管痕迹，也为企业接受外部审计和监管提供了有力的证明，提升了企业经营的透明度和公信力。

二、智能会计驱动的供应链优化

（一）供应链管理系统

供应链管理系统作为企业智能会计驱动业务转型的重要抓手，在提高企业运营效率、提高客户服务水平、降低运营成本等方面发挥着不可或缺的作用。随着大数据、人工智能、区块链等技术的迅猛发展，供应链管理系统也迎来了革命性的变革机遇。通过与智能会计系统的深度融合，供应链管理系统正在向数字化、智能化、可视化方向加速演进，重塑企业价值创造模式。

1. 数字化

供应链管理系统的数字化转型，为企业全面感知市场需求、精准预测客户偏好、快速响应市场变化提供了有力支撑。传统的供应链管理往往依赖历史数据和经验判断，难以适应日益复杂多变的市场环境。而数字化的供应链管理系统能够实时采集、处理海量的结构化和非结构化数据，通过机器学习算法深入洞察客户需求、市场趋势，帮助企业做出前瞻性决策。同时，数字化供应链还能打通企业内部和外部信息孤岛，实现供应商、制造商、分销商、零售商等多方协同，提高供应链整体运作效率。

2. 智能化

借助人工智能技术，智能供应链管理系统能够自动优化库存水平、动态调整生产计划、实时跟踪货物状态，最大限度地减少人工干预，提高供应链运转效率。例如，基于强化学习算法的智能调度系统能够根据订单、库存、产能等多维度信息，自主制订最优生产计划和配送方案，有效平衡供需矛盾，降低库存积压风险。又如，应用计算机视觉和机器人技术，智能仓储系统可实现货物的自动分拣、上下架和盘点，大幅提高仓储作业效率和准确率。

3. 可视化

通过构建统一的数据平台和可视化界面，企业管理者能够直观地洞察供应链各环节的实时运行状态，及时发现风险隐患并采取应对措施。例如，设计精美的仪表盘可以集中展示订单完成率、库存周转率、现金流状况等关键绩效指标，帮助决策者迅速把握企业经营脉搏。又如，利用地理信息系统和实时定位技术，供应链可视化平台能够清晰呈现货物运输轨迹和车辆分布情况，方便管理人员调度资源，提高物流配送时效。

（二）供应链协同优化

在数字经济时代，企业面临着日益复杂的市场环境和激烈的竞争态势，单一企业的力量已难以应对瞬息万变的市场需求。因此，企业必须突破组织边界，与上下游合作伙伴建立紧密的协同关系，共同打造敏捷、高效、可持续的供应链体系。智能会计系统为供应链协同优化提供了强大的技术支撑和数据基础。

通过部署先进的供应链管理系统，企业可以实时汇聚和分析来自供应链各环节的海量数据，准确把握市场动向，优化资源配置。例如，利用大数据分析技术，企业能够精准预测市场需求，合理安排生产计划和库存，降低供应链运营成本。同时，区块链等技术的应用，也为构建透明、可信的供应链协同机制提供了可能。在区块链的分布式账本中，供应链各方可以安全、高效地共享信息，促进业务流程的协同和优化。

供应链数据分析是智能会计赋能供应链协同优化的关键举措，企业可以利用智能会计平台，全面采集和整合供应链各环节的财务和非财务数据，深入洞察供应链运营状况。例如，通过对采购、生产、库存、销售等数据的关联分析，企业能够及时发现供应链中的瓶颈和风险点，并采取有针对性的优化措施。

供应链协同优化的目标是实现供应链整体效益的最大化，在这一过程中，智能会计扮演着信息中枢和决策支持的重要角色。通过财务和业务数据的融合分析，智能会计系统能够为供应链优化决策提供科学、准确的依据。例如，企业可以运用智能会计工具，对供应链各环节的成本、收益进行模拟分析，寻找最优的资源配置方案。又如，智能会计系统可以实时监测供应链关键绩效指标，及时预警潜在风险，为管理层的决策提供有力支持。

三、智能会计驱动的采购流程优化

（一）采购流程自动化

采购流程自动化是智能会计推动业务转型的重要体现。传统的采购流程往往涉及大量的人工操作，如需求预测、询价比价、订单下达、入库管理等，不仅效率低下，而且容易出错。智能会计系统的应用为采购流程的自动化提供了强大的技术支撑。通过智能算法和机器学习，系统能够根据历史数据和市场趋势，准确预测企业的采购需求，优化采购计划。机器人流程自动化（RPA）等自动化技术可以代替人工完成询价、比价、下单等重复性工作，极大地提高了采购效率。区块链等分布式账本技术则可以实现供应链各方之间的信息共享和实时同步，增强采购过程的透明度和可追溯性。

采购流程自动化不仅能够提高采购效率，降低采购成本，更能够优化采购决策，提高企业的竞争力。智能采购系统可以综合考虑价格、质量、交货期等多种因素，选择最优的供应商和采购方案。大数据分析技术还可以帮助企业发现潜在的采购风险，如供应商的信用状况、原材料的价格波动等，提前采取应对措施。此外，采购流程自动化还有助于加强企业与供应商之间的协同，建立互利共赢的合作关系。通过与供应商的系统对接，企业可以实现需求信息、库存状况等数据的实时共享，优化供应链的协同效率。

（二）供应商管理优化

1. 智能会计系统为供应商管理提供了强大的数据支撑

通过对海量采购数据的采集、存储和分析，系统能够全面评估供应商的交货表现、产品质量、服务水平等关键指标，为企业选择合适的供应商提供决策依据。例如，系统可以跟踪供应商的交货及时率，识别出交货不稳定的供应商，引导企业及时调整采购策略。又如，系统可以分析供应商提供产品的质量数据，挖掘出质量问题频发的供应商，帮助企业规避采购风险。此类数据洞察能力使企业在供应商管理中更具前瞻性和针对性，从而提升采购绩效。

2. 智能会计系统能优化供应商评估和选择流程

传统的供应商评估往往依赖人工作业，耗时耗力且容易出错。而智能会计系统可以根据预设的评估规则，自动对供应商进行多维度、定量化的评分，极大地提高评估效率和准确性。同时，系统还能模拟不同的采购情景，测算各供应商的综合表现，帮助企业选出最佳采购对象。这种数字化、智能化的评估方式不仅节省了人力成本，也使供应商的选择更加科学和严谨。

3. 智能会计系统能深化与供应商的协同

智能会计系统可以与供应商系统实现数据对接，实时共享采购计划、库存水平、产品需求等关键信息，使供应商能够及时调整生产安排，提升供货的灵活性和准确性。一些先进的协同模式，如供应商管理库存（VMI）等，都能借助智能会计系统顺利实施。企业与供应商形成紧密的业务协同，不仅能够提高采购效率，降低库存成本，也能实现供应链的敏捷响应，增强企业市场竞争力。

4. 智能会计系统为供应商绩效管理提供了有力工具

系统可以持续跟踪和评估供应商表现，计算关键绩效指标（KPI），生成直观的绩效报告。这些数据反馈有助于企业及时发现供应商管理中的短板，不断优化管理策略。例如，对于绩效不达标的供应商，企业可以据此展开深入沟通，分析原因，制订改进计划。对于表现优异的供应商，企业则可以给予适当激励，巩固合作关系。科学的绩效管理能够促进供应商与企业共同成长，实现合作共赢。

四、智能会计驱动的业务拓展

（一）市场机会识别

在竞争日益激烈的商业环境中，企业要实现可持续发展，就必须敏锐地洞察市场动向，捕捉潜在的商机。而智能会计系统的应用，为企业市场机会识别提供了强大的技术支撑。

智能会计系统能够高效地收集、处理和分析海量的财务数据，挖掘其中蕴含的商业价值。通过对销售数据、成本数据、现金流数据等的智能分析，企业可以及时发现业务增长的拐点，在竞争中抢占先机。例如，某家电企业利用智能会计系统对不同区域、不同产品线的销售数据进行深入挖掘，结果发现一线城市高端产品的销量在半年内骤然上升，这为企业及时调整营销策略，加大高端市场投入提供了依据。

智能会计系统能帮助企业更准确地预测市场需求，优化产销计划。智能算法能够综合考虑历史销售数据、市场环境变化、消费者偏好等因素，对未来一段时期的市场需求进行科学预测。在此基础上，企业可以合理安排生产计划，控制库存水平，降低运营成本。例如，某汽车制造企业运用智能会计系统对未来一年的汽车市场需求进行预测，结果显示，新能源汽车的需求将大幅增长。基于这一预测，企业及时调整生产线，加大新能源汽车的生产比重，抢占了新能源汽车市场的先机。

智能会计系统还能协助企业进行竞争分析，发现市场空白点。通过对竞争对手财务数据的分析，企业可以洞察对手的经营状况、发展战略，找出自身的优势和不足。同时，智能算法还能对行业内的财务数据进行横向对比，发现市场空白和盈利蓝海。例如，一家互联网企业利用智能会计系统对行业内企业的财务数据进行对比分析，发现市场上在线教育领域的用户付费率普遍偏低。基于这一发现，企业迅速切入在线教育市场，开发了一系列高质量的付费课程，赢得了用户的认可，实现了业务的快速增长。

（二）新业务模式探索

在大数据、人工智能等技术的推动下，企业的商业模式正在发生深刻变革。传统的业务流程和管理方式已经难以适应市场环境的快速变化，企业迫切需要开拓创新，寻找新的增长点和竞争优势。智能会计系统为企业提供了探索新业务模式的强大工具和广阔平台。

通过智能会计系统，企业可以全面整合内外部数据资源，深入洞察客户需求和市场趋势。利用大数据分析和机器学习算法，智能会计系统能够精准预测市场动向，识别潜在商机，为企业的战略决策提供科学依据。基于这些洞察，企业可以及时调整业务布局，开发新产品、新服务，满足客户日益个性化、多元化的需求。同时，智能会计系统还能优化资源配置，提高运营效率，为新业务模式的落地实施提供有力支撑。

在探索新业务模式的过程中，智能会计系统还能帮助企业实现业务创新与风险管控的平衡。新业务模式往往意味着更高的不确定性和风险，如何在把握机遇的同时规避风险，是每个企业都必须面对的难题。智能会计系统可以实时监测业务运行状况，及时预警潜在风险，并提供智能化的应对方案。通过对财务数据、运营数据的深度分析，智能会计系统能够全面评估新业务模式的可行性和收益性，为管理层的决策提供有力支撑。

（三）业务拓展策略

智能会计技术的迅猛发展正在重塑企业的商业模式和运营方式，为企业业务拓展带来了前所未有的机遇。面对日益激烈的市场竞争，企业必须积极探索智能会计驱动下的业务拓展策略，充分利用智能会计工具和平台，挖掘数据价值，优化资源配置，提高决策水平，从而实现业务的可持续发展。

1. 智能会计驱动的业务拓展需要企业树立数据驱动的经营理念

传统的业务决策往往依赖管理者的经验和直觉，存在主观性强、准确性低的问题。智能会计系统则能够通过海量数据的采集、存储、分析，为企业提供客观、准确、及时的决策依据。企业应充分利用智能会计平台，整合内外部数据资源，构建完整的数据链，实现数据在采购、生产、销售、财务等环节的贯通，以数据洞察驱动业务决策和流程优化。通过对市场需求、用户行为、产品性能等数据的深入分析，企业能够精准把握市场动向，开发出满足用户需求的产品和提供相应的服务，不断拓宽业务边界，提升市场竞争力。

2. 智能会计驱动的业务拓展离不开人工智能、大数据等前沿技术的支撑

企业应积极拥抱新兴技术，将其与传统业务深度融合，创新业务模式和管理方式。例如，利用机器学习算法优化供应链管理，提高库存周转率和交付效率；运用自然语言处理技术分析用户评论，改进产品设计和提高服务质量；基于区块链技术构建高安全性的数据共享和交易平台，拓展业务生态圈。同时，智能会计系统的应用也对财务人员提出了新的要求。企业应加强财务团队的数字化转型，提升其数据分析和技术运用能力，使其成为业务部门的战略合作伙伴，为业务拓展提供专业支持和咨询服务。

3. 智能会计驱动的业务拓展还需要企业构建开放、协作的生态体系

在数字经济时代，企业不再是孤立的个体，而是业务网络中的一个节点。智能会计平台为企业间的数据共享和业务协同提供了便利。企业应积极参与行业生态圈的建设，与上下游企业、合作伙伴建立紧密联系，共享数据资源，优化业务流程，实现协同创新。通过生态圈的力量，企业能够获得更多的市场机会和发展资源，加速业务拓展的步伐。例如，企业可以与银行、保险等金融机构合作，利用智能会计平台的数据优势，开发出供应链金融、保险等创新产品，为中小企业客户提供优质的金融服务，拓宽业务领域，实现共赢发展。

第二节　智能会计驱动的组织结构调整

一、智能会计驱动的职能部门重构

（一）职能部门优化

智能会计的兴起为企业职能部门优化注入了新的活力。传统的会计职能部门往往局限于财务核算和报表编制，缺乏对业务的深入洞察和预测分析。而智能会计系统的应用，使得会计工作从事后核算向事前预测、事中控制转变，为企业经营决策提供了更加及时、准确、全面的数据支持。

在智能会计的驱动下，财务部门的职能定位正在发生深刻变革。一方面，财务人员从烦琐的核算工作中解放出来，有更多时间和精力投入财务分析、风险管控、战略规划等高价值领域。通过运用大数据分析、机器学习等技术，财务人员能够从海量数据中挖掘出有价值的商业洞见，为企业的资源配置和业务拓展提供决策支持。另一方面，财务部门与业务部门的协同更加紧密。基于智能会计平台，财务人员可以实时获取业务数据，深入了解业务运作状况，及时发现和预警潜在风险。同时，财务部门也能够为业务部门提供更加精准的预算管理、绩效评估、投资分析等服务，促进业务的可持续发展。

智能会计还促进了财务部门内部的组织优化和流程再造。传统的财务组织架构往往按照业务条线设置，存在条块分割、信息孤岛等问题。而在智能会计时代，财务组织更加扁平化、集约化，强调跨部门协同和数据共享。通过建立

统一的财务共享服务中心，企业可以实现财务流程的标准化、自动化，减少重复劳动和人工错误，提高财务工作效率。同时，智能会计平台的应用也促进了财务流程的优化和再造。例如，通过引入电子发票、移动支付等技术，企业可以实现采购、销售、费用报销等环节的无纸化、移动化处理，极大地简化了财务流程，提升了用户体验。

（二）部门绩效评估

智能会计的兴起为企业部门绩效评估带来了全新视角和动力。传统的绩效评估模式往往局限于财务指标，如营业收入、利润率等，难以全面反映部门的运营效率和发展质量。而智能会计系统的应用，使得企业能够从财务和非财务、定量和定性等多维度对部门绩效进行评估，为管理决策提供更加全面、精准的依据。

1. 智能会计驱动的部门绩效评估体系注重数据的连通性和分析的系统性

通过数据采集、整合、挖掘等技术手段，智能会计能够打通部门内部业务流程的各个环节，将分散在不同系统、不同部门的数据进行集中管理和分析，挖掘其中隐藏的规律和趋势，从而对部门绩效形成立体化、动态化的评估。例如，智能会计可以通过对销售部门的订单、发货、回款等数据的关联分析，评估其营销策略的有效性和风险管控能力。又如，智能会计可以通过对生产部门的原材料采购、生产计划、产品质量等数据的综合考量，评判其生产效率和成本控制水平。这种基于数据驱动的绩效评估方式，能够及时发现部门运营中的问题和短板，为优化资源配置、改进管理策略提供决策支持。

2. 智能会计驱动的部门绩效评估更加突出战略导向和价值创造

在制定绩效评估指标时，智能会计强调要与企业的整体战略目标相契合，引导各部门围绕核心业务、关键资源开展工作，提高运营效率和风险管控能力。同时，智能会计还注重评估部门在创新发展、人才培养、社会责任等方面的表现，激励其在追求经济效益的同时，兼顾社会效益和长远发展。通过平衡财务绩效和非财务绩效、短期目标和长期目标，智能会计驱动的绩效评估体系能够引导各部门在战略层面形成合力，为企业的可持续发展提供持续动力。

3. 智能会计驱动的部门绩效评估高度重视数据共享和多部门协同

传统的部门绩效评估往往各自为政，缺乏横向沟通和业务协同，容易导致部门间的本位主义和内耗。而智能会计通过构建一体化的数据平台，打破了部门间的信息壁垒，促进数据在部门间的充分流动和共享。这不仅有利于提高绩效评估的针对性和时效性，还能够推动部门间的业务协同和资源整合。例如，财务部门与业务部门共享预算和成本数据，能够更好地控制经营风险；人力资源部门与研发部门共享人才培养数据，能够更有针对性地开展人才培养工作。数据共享和业务协同，能够增强组织的凝聚力和向心力，激发协同创新的活力。

二、智能会计驱动的岗位职责调整

（一）岗位职责重新定义

随着智能会计的兴起，传统的会计岗位职责已经难以适应数据驱动型组织的需求。因此，企业需要立足智能会计时代的特点，根据业务流程优化和组织结构调整的需要，重新审视和界定各个岗位的职责内容和能力要求。

1. 坚持以业务为导向

在传统的金字塔式组织结构中，岗位职责往往按照部门划分，存在条块分割、职能交叉等问题。而在扁平化、数据驱动的组织中，岗位设置需要围绕业务流程展开，强调端到端的流程贯通和跨部门协同。因此，在重新定义岗位职责时，要立足业务全景，厘清各个业务环节的输入、输出和关键绩效指标，进而明确各岗位在业务流程中的定位和职责边界。这种业务导向的职责定义有利于打破部门壁垒，提高组织运作效率。

2. 强调数据思维和分析能力

在海量数据和先进算法的加持下，财务人员不再是单纯的数字记录者，而是要承担数据分析和业务洞察的职能。这就要求在岗位职责中体现数字化能力的要求，如数据敏感性、数据分析与挖掘技能、数据可视化呈现等。同时，财务人员还需要具备跨界思维，能够利用财务数据深入业务场景，发现问题，提出见解。唯有如此，才能真正发挥财务职能的价值创造作用，而不仅仅是事后的核算和把关。

3. 体现人机协同的理念

人工智能和机器人流程自动化固然能够替代财务人员的部分工作，但并非全部。恰恰相反，智能技术的应用对财务人员的专业素质和综合能力提出了更高要求。一方面，财务人员要学会运用智能工具，调整算法模型，指导系统设计，这本身就需要掌握一定的信息技术知识；另一方面，财务人员还要发挥专业人才的优势，运用专业判断处理复杂业务，开展深层次分析，提供战略决策支持。可以说，未来财务岗位的重心将从事务性工作转向价值创造性工作，这种转变需要在岗位职责设计中得到充分体现。

4. 立足人才发展，体现学习型组织的理念

知识更新速度的加快使得一次性的技能培训已然过时，职业发展路径也变得模糊。在这种情况下，企业需要在岗位职责设计中为员工创造持续学习的机会和空间。这意味着，一方面，岗位职责不应过于狭窄和僵化，而要留有一定的弹性空间，鼓励员工跨岗位学习和轮岗；另一方面，在绩效考核指标中要体现学习与成长要素，引导员工自主学习，主动升级技能。唯有将个人发展与组织发展紧密结合，才能打造学习型团队，应对瞬息万变的商业环境。

（二）岗位职责分工优化

岗位职责分工的优化是智能会计时代组织变革的重要内容。随着财务数字化转型的不断深入，传统的会计岗位设置已经难以适应智能化、数据化的发展趋势。因此，企业需要重新审视和调整岗位职责，实现人岗匹配，提升组织运作效率。

1. 财务共享服务中心的建立为岗位职责优化提供了契机

财务共享服务中心通过集中处理标准化、规范化的财务业务，实现了会计核算职能的集中。这不仅降低了运营成本，提高了核算效率，也为财务人员从事更高价值的管理会计工作创造了条件。在此背景下，传统的出纳、会计、稽核等岗位职责边界趋于模糊，需要进行整合与重构。企业可以设立财务运营、财务分析、财务管理等新型岗位，突出专业化分工，优化资源配置。

2. 数据分析能力成为财务人员的核心竞争力

智能会计时代，海量数据的采集、存储和分析成为常态。财务人员不仅要具有扎实的会计专业知识，还需要掌握数据分析、数据挖掘等技能，能够从复杂的数据中发现价值洞察，为管理决策提供有力支持。这就要求企业在岗位职责设计时，加强数据分析类岗位的设置，如财务数据分析师、商业智能分析师等。同时，鼓励全体财务人员提升数字化素养，掌握数据处理与分析技术，实现从“数字化会计”向“会计数字化”的转变。

3. 岗位职责的动态调整机制亟待建立

在智能会计环境下，技术进步和业务创新的速度不断加快，对财务组织能力提出了更高要求。僵化的岗位设置难以快速响应变化，容易导致人力资源浪费和组织效率低下。因此，企业需要建立岗位职责的动态调整机制，根据业务发展需要和员工能力特点，及时优化调整岗位职责。如可以引入职位轮换、弹性工作等灵活用工方式，打破岗位壁垒，激发组织活力。同时，加强员工培训与赋能，提高员工的多技能水平，为动态调整奠定人才基础。

（三）岗位职责动态调整

随着新时代智能会计的迅速发展，传统的会计工作模式已经难以适应当前经济社会的变革需求。在这一背景下，企业亟须重新审视自身的组织结构和岗位设置，打破僵化的部门界限，构建灵活高效、动态优化的组织体系。而岗位职责动态调整正是实现这一目标的关键举措。

岗位职责动态调整的核心在于企业根据业务发展的实际需要，及时优化岗位设置和职责分工。传统的企业组织结构往往呈现出职能化、层级化的特点，各部门之间界限分明，职责固定。这种模式虽然有利于保证工作的专业性和标准化，但也容易导致部门间壁垒森严、协作不畅。而在智能会计时代，企业面临的市场环境瞬息万变，业务形态日新月异，固化的组织结构已经无法适应这种动态变化。因此，企业必须打破部门樊篱，根据业务发展的实际需要，动态调整岗位职责，实现组织机构的敏捷化和扁平化。

岗位职责动态调整可以从以下几个方面入手。首先，企业要建立起完善的岗位管理体系，明确各岗位的职责边界和任职要求。这是实现动态调整的基础，只有对现有岗位有清晰的认识，才能有针对性地进行优化和重组。其次，企业要紧密结合业务发展需要，及时调整岗位设置。随着智能会计系统的广泛应用，许多传统的会计岗位可能面临整合或裁撤，一些新兴的数据分析、风险管理等岗位则需要及时设立。企业要敏锐洞察这些变化，主动进行岗位再造，确保组织结构与业务发展相匹配。再次，企业要建立灵活的人员调配机制。岗位职责的动态调整意味着员工可能需要跨部门、跨岗位进行工作，这对其专业能力和适应能力提出了更高要求。企业要营造鼓励学习、支持轮岗的文化氛围，完善内部培训体系，帮助员工提升多岗位工作的能力。最后，企业要建立科学的绩效考核和激励机制，引导员工主动拥抱变化，积极投身岗位调整。

三、智能会计驱动的组织协作与沟通

（一）跨部门协作机制

跨部门协作是智能会计时代组织变革的重要内容，它打破了传统的部门壁垒，促进了信息共享和业务协同。在智能会计的驱动下，跨部门协作机制日趋完善，为企业决策提供了全面、及时、准确的数据支持。

1. 智能会计系统的应用为跨部门协作提供了坚实的数据基础

在传统的会计核算模式下，各部门数据分散、格式不一，数据孤岛现象严重，难以实现信息的有效整合与共享。而智能会计系统能够自动采集、清洗、整合来自不同部门的数据，形成统一、标准的数据模型，为跨部门协作奠定基础。例如，销售部门的订单数据、生产部门的存货数据、采购部门的供应商数据等，都可以通过智能会计系统进行集中管理和实时更新，各部门能够及时获取所需信息，提高工作效率。

2. 智能会计驱动下的跨部门协作机制更加灵活高效

传统的部门协作往往依赖书面文件、电子邮件等正式沟通渠道，信息传递速度慢、效率低。而借助智能会计平台，各部门可以实现无缝对接、实时互动。例如，财务部门可以通过智能会计系统及时了解销售部门的回款情况，对现金流进行预测和管理；销售部门能够根据财务数据优化销售策略，提高回款效率。又如，智能会计系统可以对采购、生产、销售等环节进行全流程管控，一旦发现异常情况，就会自动预警，相关部门可以快速响应、协同处理，降低风险，提高决策水平。

3. 智能会计环境下的跨部门协作更加注重员工的主动性和创造力

智能会计系统通过自动化、智能化的方式完成了大量重复性工作，财务人员从烦琐的核算和报表编制中解放出来，有更多时间和精力参与业务协同。他们可以利用数据分析工具，深入挖掘业务数据，为其他部门提供有价值的决策参考。同时，智能会计平台为员工提供了充分展示创新思路的舞台。例如，销售人员可以基于智能会计系统的客户数据分析，提出个性化营销方案。又如，生产人员可以利用成本核算数据，优化生产工艺流程。在这个过程中，员工的主观能动性得到充分发挥，跨部门协作也更加富有活力。

4. 智能会计驱动的跨部门协作有利于提升组织决策的科学性和前瞻性

通过智能会计系统，企业高层管理者可以全面掌握各部门业务运行情况，宏观把控企业的战略方向。例如，管理层可以根据财务报表数据、预算执行情况等，及时调整资源配置，优化业务布局；也可以利用智能会计系统的预测功能，对市场环境、行业趋势进行分析，制订前瞻性的发展规划。这些都有赖智能会计所提供的全面、准确、及时的数据支持以及高效、灵活、充满活力的跨部门协作机制。

（二）沟通渠道的优化

在智能会计驱动的企业组织变革中，优化沟通渠道是一项重要而必要的举措。随着人工智能、大数据等技术的深度应用，企业内部和外部的沟通方式正在发生深刻变革。传统的面对面交流、电话会议等方式已不能完全满足智能化时代组织协同的需求。因此，企业必须积极拥抱变革，充分利用智能会计赋能的新型沟通工具和平台，打造高效、透明、无障碍的沟通渠道，为组织变革提供有力支撑。

从内部沟通来看，智能会计系统的应用为企业搭建了一个集中统一的数据共享平台。通过该平台，各部门、各业务单元能够实时获取财务数据、经营数据等关键信息，及时了解企业运营状况和战略执行进程。这种基于数据驱动的透明化沟通模式，有助于提升组织内部的信息对称性，促进各部门间的协同配合。同时，智能会计系统还能够通过数据分析和智能预警，及时发现并推送异常信息，让相关人员能够快速响应、高效处理，避免了信息滞后带来的诸多问题。

从外部沟通来看，智能会计系统为企业与客户、供应商等利益相关方提供了更加便捷、高效的互动渠道。基于区块链等技术搭建的供应链金融平台，能够实现企业与上下游之间的实时信息共享和资金流转，大幅提高了供应链协同效率。而智能合同、电子发票等的创新应用，则为企业与客户间的业务往来提供了更加规范、高效的沟通模式。这些智能化的外部沟通渠道，不仅提高了企业的服务质量和响应速度，更有助于构建互信共赢的合作生态。

（三）信息共享与透明度提升

随着大数据、人工智能等技术的广泛应用，企业内部和外部信息交互日益频繁，传统的信息孤岛和部门壁垒逐渐被打破。财务数据不再是会计部门的独家资产，而是在组织内部广泛流动，成为连接各业务环节的纽带。这种变化不仅提高了组织运作效率，还为管理决策提供了科学依据。

1．信息共享的基础是数据标准化和集成化

智能会计系统通过对各类数据进行统一编码、格式规范和逻辑整合，建立了一套覆盖采购、生产、销售、财务等业务领域的数据共享平台。这一平台打破了部门间的信息壁垒，实现了数据的无缝对接和实时共享。销售部门可以及时获取库存信息，优化销售策略；采购部门能够准确把握生产计划，控制采购成本；财务部门则可以实时监控资金流向，防范财务风险。数据在组织内部高效流转，让管理者能够从全局视角洞察业务运行状况，及时发现并解决问题。

2．信息透明度的提升让组织运作更加透明和规范

传统的会计核算隐藏在财务部门内部，难以被其他部门和外界监督。而在智能会计环境下，财务数据成为组织内部乃至利益相关方共享的资源。预算执行、资金使用、成本控制等重要财务信息，都能够通过系统实现自动披露和实时公开。这种高透明度不仅方便了内部管控，也接受外部监督，有效遏制了弄虚作假、贪污舞弊等违规行为。同时，财务信息的透明披露也增强了企业的公信力，赢得了投资者、债权人、政府等利益相关者的信任和支持。

3．信息共享和透明度的提升为组织决策带来了革命性变革

传统的管理决策往往凭借管理者的主观判断和经验直觉，存在偏差和风险。而在智能会计时代，管理者可以依托共享平台，汇集财务与非财务数据，借助

大数据分析、数据挖掘等智能技术，全面把握组织内外部环境，准确预测未来走势，从而作出科学、精准的决策。例如，企业可以通过分析销售数据和市场趋势，优化产品结构和营销策略；又如，通过整合采购和库存数据，优化供应链管理和存货控制；再如，通过挖掘财务数据，评估投资项目的可行性和收益性。数据成为决策依据，让管理者能够基于事实和证据，而非主观臆断作出判断，大大提高了决策的科学性和有效性。

四、智能会计驱动的组织文化建设

（一）创新文化培育

在数字化时代，组织的生存和发展越来越依赖持续不断的创新能力。传统的等级森严、规则主导的组织文化已经难以适应瞬息万变的市场环境，必须通过文化变革来激发组织的活力和创造力。而智能会计系统的应用，为创新文化的培育提供了强有力的支撑。

其一，创新文化的核心是包容和鼓励差异化思维，打破常规和惯性思维的桎梏。智能会计系统为这一文化转型奠定了数据基础。海量、多源的财务和业务数据为探索创新提供了广阔的空间，数据分析工具和算法则为洞察创新机会提供了有力工具。组织应充分利用智能会计系统优势，鼓励员工从数据中探寻新的模式和规律，提出创新的解决方案。同时，组织还应建立容错机制，允许员工在创新过程中犯错，消除其后顾之忧。只有在宽松、开放的文化氛围中，员工的创造力才能得到最大限度地释放。

其二，创新文化的培育需要组织在制度和流程上进行配套改革。传统的KPI考核体系往往过于注重短期业绩，抑制了员工的创新动力。智能会计系统为构建新型绩效管理体系提供了可能。基于实时、动态的数据分析，组织可以建立更加灵活、个性化的考核指标，将创新能力和长期价值创造纳入评价体系。同时，组织还应优化内部流程，打破部门壁垒，建立跨部门的协同机制，促进创新思想的交流和碰撞。这需要组织领导者的高度重视和大力支持，并身体力行，为全员树立创新的榜样。

（二）文化与技术融合

在智能会计时代，如何实现组织文化与技术的深度融合，已经成为企业变革的关键议题。传统的组织文化往往强调等级森严、规章制度，而智能会计所倡导的敏捷性、创新性与之格格不入。因此，企业必须重新审视既有文化，从理念、行为和制度层面入手，推动文化变革，方能适应智能时代的新常态。

1. 文化理念是组织文化的核心，决定企业的价值取向和发展方向

在智能会计驱动下，企业文化理念也需要进行相应调整。首先，企业应树立数据驱动的决策理念。智能会计系统的应用使得海量数据的收集、处理和分析成为可能，这为企业决策提供了更为科学、精准的依据。企业需要从传统的经验型决策向数据驱动型决策转变，用数据说话，用数据决策，从而提高决策的准确性和时效性。其次，企业应倡导创新与变革的文化理念。智能会计的实施往往伴随业务流程的优化和组织结构的调整，这对企业的创新能力提出了更高要求。企业需要鼓励员工勇于打破常规，用创新的思维和方法解决问题，推动企业的持续变革。最后，企业应强调协作共享的文化理念。智能会计系统打破了部门间的信息壁垒，促进了数据在企业内部的共享和流转。这就要求企业文化从注重个人英雄主义转向强调团队协作，从强调部门利益转向追求整体利益最大化，形成开放、互信、共享的组织氛围。

2. 文化行为是组织文化的外在表现，体现员工的价值观念和行为方式

智能会计时代，企业需要引导员工形成与之相适应的文化行为。一方面，企业要鼓励员工提升数据分析能力。这不仅包括熟练使用智能会计系统，还要理解数据背后的业务逻辑，具备敏锐的洞察力和分析力。企业可以通过培训、轮岗等方式，帮助员工快速提升数据分析能力。另一方面，企业要倡导员工形成创新探索的行为习惯。这意味着要给员工更多自主权和创新空间，允许试错，鼓励员工大胆尝试新的解决方案。同时，企业也要建立相应的容错机制，包容员工在创新过程中的失误，营造鼓励创新的文化氛围。此外，企业还要强化员工的协同意识和协作能力。利用协同办公平台等智能化工具，打破部门间的壁垒，促进跨部门、跨团队的协作，提高工作效率。

3. 文化制度是组织文化的保障，为文化落地提供制度支撑

智能会计时代，传统的僵化制度已不再适用，企业需要重构符合时代特征的文化制度体系。首先，绩效评估制度要突出数据驱动和创新导向。传统的绩效考核往往过于强调结果导向和个人绩效，而在智能会计时代，更需要关注员

工运用数据解决问题的能力，以及在创新过程中展现出的主动性和创造力。绩效评估要兼顾过程和结果、个人和团队、短期目标和长期价值，激励员工追求卓越。其次，要建立开放、多元的人才发展通道。智能会计的应用对员工能力提出了新的要求，打破了传统的职业发展路径。企业需要为不同专业、不同层级的员工提供丰富的职业发展机会，完善内部人才流动机制，让员工既可以在专业领域纵向发展，也可以跨部门、跨领域横向发展。最后，要营造包容差异、鼓励创新的文化氛围。在变革过程中，难免会出现不同声音和观点。企业需要以开放包容的心态看待分歧，尊重差异，用良性的学习氛围消除员工的抵触情绪，调动其参与变革的积极性。

第三节　智能会计驱动的人才培养与管理

一、智能会计驱动的人才需求分析

（一）人才需求预测

智能会计的迅速发展正在深刻影响着会计行业的人才需求格局，企业对会计人才的素质要求发生了显著变化。以往，会计人才的核心竞争力主要体现在专业知识和业务技能方面，而在智能会计时代，战略思维、数据分析、信息技术应用等能力日益成为评判会计人才的关键指标。因此，准确预测智能会计驱动下的人才需求走向，对于企业的人力资源管理和人才发展规划具有重要意义。

1. 知识结构

从知识结构来看，智能会计时代对会计人才的知识广度和深度提出了更高要求。一方面，会计人才需要掌握财务会计、管理会计、审计等传统会计学科的专业知识，夯实必备的理论基础；另一方面，还需要积极拓展数学、统计学、计算机科学等交叉学科的知识，提升数据处理和信息系统运用能力。同时，会计人才还应密切关注会计准则、税收政策等方面的最新变化，及时更新知识库，确保专业判断的准确性。只有建立扎实的专业知识和开阔的知识视野，会计人才才能在智能会计时代保持竞争优势。

2. 能力要求

从能力要求来看，智能会计时代对会计人才的职业能力提出了全新挑战。传统的核算型会计正在向管理型、决策型会计转变，这就要求会计人才具有全局观念和战略眼光，能够参与企业重大经营决策的制定和执行。同时，海量数据的出现也对会计人才的数据分析能力和信息化水平提出了更高要求。会计人才不仅要学会运用大数据分析工具进行数据挖掘和预测，还要熟练使用财务软件、ERP 系统等信息化工具来提高工作效率。此外，在职业环境日益变化的背景下，会计人才还需要具备较强的学习能力和创新意识，主动适应新技术、新业态带来的变革。

3. 人才规模

从人才规模来看，智能会计的普及在一定程度上减少了企业对会计人才的需求总量。智能化的财务系统能够自动完成大量的会计核算和财务报表编制工作，这无疑提高了会计工作的效率，压缩了所需的人力资源投入。不过，需要指出的是，智能会计并非完全取代人工，而是通过人机协同、优势互补来实现企业财务管理的升级换代。在这一过程中，战略型、复合型的高端会计人才将备受企业青睐，那些缺乏核心竞争力的基础型会计人员则面临较大的职业转型压力。因此，企业在预测未来人才需求时，应重点关注高端会计人才的引进和培养。

（二）人才技能要求

在大数据、人工智能等新兴技术的驱动下，会计行业正经历着前所未有的变革。传统的财务核算、报表编制等基础性工作正逐步被自动化取代，会计人员需要掌握更加综合、更具战略性的技能，以适应智能时代的新要求。

首先，智能会计时代对会计人员的数据分析能力提出了更高要求。海量的财务数据蕴藏着企业运营的重要信息，会计人员只有具备扎实的数据分析技能，才能从繁杂的数据中提炼出有价值的商业洞见。会计人员不仅需要熟练运用各类数据分析工具和算法，还要具备敏锐的商业嗅觉和全局视角，能够将数据分析结果与企业战略相结合，为管理层的决策提供有力支撑。这就要求会计人员不断更新数据分析知识，紧跟大数据、机器学习等前沿技术的发展步伐。

其次，在智能会计背景下，会计人员需要具备更强的信息技术应用能力。

云计算、区块链等技术正加速渗透到会计领域，深刻改变着传统的业务流程和工作方式。会计人员必须熟练掌握这些技术，才能充分发挥其在提高工作效率、强化内控管理等方面的优势。同时，会计信息系统的日益复杂也对会计人员提出了新的挑战。构建、维护和优化信息系统已成为会计工作的重要内容，这就要求会计人才具有扎实的信息技术基础，能够与IT部门紧密协作，共同推进财务数字化转型。

再次，智能会计时代要求会计人员具备较强的创新思维和解决问题的能力。面对日新月异的技术环境和瞬息万变的市场形势，会计人员需要保持敏捷、灵活的思维方式，善于从多角度、多层次分析问题，提出创新性的解决方案。这就要求会计人才勇于打破思维定式，拥抱变革，以开放的心态汲取新知识、新理念。只有不断更新知识结构，强化创新意识，才能在智能时代的浪潮中立于不败之地。

最后，智能会计时代对会计人员的职业道德提出了新的要求。在技术快速迭代的背景下，会计人员掌握的数据和信息越来越多，这就需要其恪守职业操守，坚守诚信底线。会计人才必须时刻保持警醒，严格遵守数据安全和隐私保护等相关法规，以高度负责的态度对待每一项工作。唯有如此，才能维护行业声誉，赢得社会公众的信任和尊重。

二、智能会计驱动的人才招聘与选拔

（一）招聘渠道优化

智能会计时代对人才的招聘提出了全新的要求，企业需要优化传统的招聘渠道，吸引和选拔符合时代需求的高素质人才。在大数据和人工智能技术的赋能下，招聘渠道的优化应着眼于提高招聘效率、拓宽人才来源、精准匹配岗位需求等方面，构建与智能会计发展相适应的人才招聘体系。

1. 网络招聘平台

相较于传统的现场招聘会和纸质简历投递，网络平台具有信息量大、更新及时、互动便捷等优势。通过在智联招聘、前程无忧等知名招聘网站发布岗位信息，企业能够触达更广泛的求职者群体，有效拓宽人才来源。同时，许多招聘平台已经嵌入智能算法和大数据分析功能，可以根据企业设定的关键词和条件快速检索、筛选简历，极大提高了招聘效率。企业还可借助平台开展在线笔试、远程面试等环节，利用人机交互和智能评估系统对候选人进行考察，实现人岗精准匹配。

2. 社交媒体

通过在微信、微博、知乎等社交平台开设官方账号，定期发布财会行业资讯和企业动态，企业可以吸引关注财会领域发展的优秀人才，提升雇主品牌形象。一些企业还利用社交平台打造“号码簿招聘”模式，鼓励员工在朋友圈、微信群等渠道发布招聘信息，充分调动员工的社交网络资源，扩大招聘信息的触达面和影响力。移动互联网时代，个人社交媒体账号已成为求职者展示专业形象、存储职业资源的重要载体，企业通过社交媒体渠道挖掘人才，能够获取更立体、更全面的人才信息。

3. 猎头服务

相较于面向社会公开招聘，猎头公司专注于高级管理和专业技术领域的人才寻访，能够为企业提供更加专业、精准的人才匹配服务。特别是在智能会计领域，需要复合型、高层次的管理型人才，单纯依靠企业自身的招聘渠道难以满足需求。与猎头公司合作，借助其丰富的行业人脉和人才资源，有助于企业物色到真正匹配企业发展需求的高端人才。同时，猎头公司还可以为企业提供人才背景调查、潜在候选人挖掘等专项服务，为企业的招聘决策提供更专业的参考。

（二）面试流程设计

在智能会计时代，面试流程设计需要与时俱进，以适应不断变化的人才需求和技术环境。传统的面试模式往往侧重于专业知识的考查，忽视了应聘者的综合素质和发展潜力。而在智能会计的背景下，除了具备扎实的专业功底，创新思维、学习能力、团队协作等软实力同样不可或缺。因此，现代面试流程设计应着眼于全面评估应聘者的各项素质，为企业选拔最优秀、最匹配的人才。

1. 构建多维度的面试评价体系

首先，面试应涵盖专业知识、实务技能、职业素养等多个维度，全方位考查应聘者的综合实力。在专业知识方面，可以通过情景模拟、案例分析等方式，测试应聘者运用智能会计理论解决实际问题的能力；在实务技能方面，可以利用沙盘演练、实操测试等手段，考查应聘者对智能会计系统、工具的熟练掌握程度；在职业素养方面，可以通过压力测试、角色扮演等环节，评估应聘者的抗压能力、沟通能力、团队意识等软实力。其次，在评价指标的设计上，要突出能力导向，将学习能力、创新能力作为重点考查指标。在智能时代，会计知识更新迭代速度加快，对从业者的学习能力提出了更高要求。因此，面试过程中应设置专门环节，如学习能力测试、MOOC证书考查等，以评估应聘者的自主学习意识和知识更新能力。同时，智能会计的应用也吸引更多创新型人才，面试中可以融入头脑风暴、创意展示等环节，激发应聘者创新思维的碰撞。

2. 提升面试的信度和效度

信度反映了面试结果的一致性和稳定性，是面试公平公正的基础。为了提升信度，面试流程设计应规范化、标准化，尽量减少主观因素的干扰。这就要求企业制定科学的面试题库，统一评分标准，并定期对面试官进行培训，提升其专业素养和评判能力。效度则衡量了面试结果与工作表现的相关性，是面试有效性的关键指标。为了提升效度，面试内容设计应紧密结合岗位需求，增加情景模拟、实际操作等真实任务，全面评估应聘者的岗位胜任力。同时，面试环节设置应与岗位素质模型相匹配，覆盖岗位所需的知识、技能、态度等关键要素。此外，建立面试结果与入职后绩效的反馈机制，积累数据并持续优化面试流程，也是提升效度的重要举措。

三、智能会计驱动的人才培训与发展

（一）培训需求分析

随着经济全球化的快速发展和信息技术的飞速进步，智能会计已成为现代企业财务管理的重要趋势。为了适应智能会计时代的人才需求，企业迫切需要开展有针对性的培训需求分析，优化人才培养方案，提升员工的专业素养和实践能力。

1. 把握智能会计对财会人员知识结构和能力素质的影响

智能会计的兴起，意味着财务工作从传统的账务处理向管理决策支持转变，从事后核算向事前预测、事中控制延伸。这就要求财会人员不仅要掌握扎实的会计专业知识，还要具备数据分析、业务流程优化等能力。因此，企业在开展培训需求调研时，要充分考虑智能会计背景下岗位角色的转变，明确员工在知识、技能、素质等方面的差距，为后续培训项目的设计提供依据。

2. 注重员工个性化发展诉求的挖掘

智能会计时代，财会人员的职业发展路径日益多元化，既有向管理会计、共享服务等专业领域深耕的选择，也有向数据科学、信息技术等交叉领域拓展的机会。面对这种趋势，企业要充分尊重员工的职业发展意愿，通过问卷调查、访谈等方式广泛征求意见，了解不同员工在知识更新、能力提升方面的差异化需求。唯有如此，才能增强培训项目的针对性和吸引力，激发员工的学习热情和成长动力。

3. 放眼企业发展全局，前瞻性地把握人才队伍建设的紧迫需求

在“互联网＋”浪潮下，云计算、大数据、人工智能等新兴技术与财务管理加速融合，数字化转型已成为企业谋求长远发展的必由之路。这就要求企业高度重视复合型财务人才的培养，前瞻性地分析未来一段时期内人才队伍建设的短板，有针对性地制订人才培养规划。只有立足全局，放眼未来，才能真正实现人力资源的超前配置，为企业的可持续发展提供坚实保障。

（二）培训课程设计

智能会计的出现不仅为企业财务管理注入了新的活力，也对财会人才的培养提出了更高的要求。为了适应智能会计时代的人才需求，企业和高校必须积极创新培训课程设计，打造与时俱进的人才培养体系。

1. 科学设计培训课程内容

传统的财会培训课程往往侧重于账务处理、财务核算等基础性工作，难以满足智能会计时代对财会人才的要求。因此，在培训课程设计中，要加强智能会计理论与实务的融合，引入大数据分析、人工智能、区块链等前沿技术内容，帮助学员全面理解智能会计的内涵和应用。同时，培训课程还应强调对财会人才创新意识和战略思维的培养，引导其主动适应智能会计带来的角色转型机遇，从单纯的财务核算人员向战略管理顾问转变。

2. 丰富多样的培训形式

单一、刻板的培训模式难以调动学员学习的积极性，也无法满足个性化、差异化的学习需求。为此，企业和高校应积极探索线上与线下相结合的混合式培训模式，充分利用在线学习平台、移动端App等技术手段，为学员提供灵活、便捷的学习体验。此外，还应将案例教学、情景模拟、小组讨论等参与式教学方法广泛应用于智能会计培训，通过生动、互动的学习过程，提升学员的参与度和获得感。

3. 完善的培训评估体系

科学的培训评估不仅能够考查学员的学习效果，还能为培训课程的持续优化提供依据。在构建智能会计培训评估体系时，要注重过程性评价与结果性评价相结合，全面考查学员的知识、能力和态度。同时，评估指标的设计要紧密结合财会人才在智能会计环境下的实际工作需求，体现评估的针对性和实效性。

4. 建立产、学、研协同培养机制

高校和企业分别拥有理论研究和实践应用的优势，只有两者通力合作，才能培养出真正适应智能会计发展需求的复合型人才。一方面，高校要主动对接企业需求，调整人才培养方案，为企业输送高质量的智能会计人才；另一方面，企业也要积极参与人才培养过程，为在校学生提供实习实践机会，帮助其深化理论学习、提升实践技能。

四、智能会计驱动的人才职业发展路径

（一）职业发展规划

1. 明确职业目标和发展方向

在智能会计时代，会计人才的职业选择更加多元化。除了传统的会计、审计等岗位，大数据分析师、业务流程优化师、智能财务系统开发工程师等新兴职业也为会计人才提供了广阔的发展空间。会计从业者应根据自身的兴趣特长、专业优势，结合行业发展趋势，确定适合自己的职业发展路径。例如，擅长数

据分析的会计人员可以向数据分析师方向发展；对信息技术有深入研究的会计人员可以转型为智能财务系统的开发和维护专家。无论选择哪种发展方向，明确的职业目标都能为会计人才的职业生涯指明方向，激发其不断进取的动力。

2．制订切实可行的能力提升计划

智能会计时代对会计从业者的能力要求更加全面和复合化。除了过硬的专业功底，会计人才还需要具备数据处理、信息技术应用、商业分析等多方面能力。因此，会计从业者应针对自身能力短板，有针对性地参加培训和学习，提升跨学科技能。例如，既可以通过参加在线课程、专业培训等方式学习数据分析、编程等前沿技术知识，也可以通过案例研究、实战演练等方式锻炼解决复杂商业问题的能力。只有不断更新知识体系，提升综合素质，会计人才才能在智能时代保持竞争优势，实现可持续发展。

3．建立广泛的人际网络

在智能会计时代，跨部门、跨行业的协作日益频繁，会计从业者需要与各领域专家密切配合，共同应对复杂多变的商业环境。因此，会计人才应积极参与行业交流活动，如论坛、研讨会等，与不同领域的专业人士建立联系，拓宽视野。同时，还要善于利用社交媒体等网络平台，与业内同行保持互动，及时了解行业动态和发展趋势。广泛的人际网络不仅能为会计人才提供宝贵的学习和合作机会，也能在职业发展的关键节点提供有力支持和助力。

4．重视职业价值观和职业操守的培养

智能会计时代，会计行业面临着前所未有的信任危机。虚假信息、数据造假等违规行为时有发生，严重损害了会计行业的公信力。因此，会计从业者必须坚守职业操守，恪守诚信准则，以高度的责任感和使命感履行职责。同时，要不断加强职业判断力和职业敏感性，对违规行为“零容忍”，自觉抵制不正当的利益诱惑。只有树立良好的职业形象，会计人才才能赢得社会各界的信任和尊重，为自身的长远发展奠定坚实的基础。

（二）晋升机制设计

1．突出专业能力导向

在智能会计时代，会计人员不仅需要扎实的财务核算基本功，还需要具备数据思维和数字化管理能力。因此，在职称评定、岗位晋升等环节，应当将数据分析、信息系统应用、业务流程优化等专业能力作为重要考核指标，引导会计人员主动学习新知识、掌握新技能，不断提高专业水平。同时，晋升机制还应重视复合型人才的培养，鼓励会计人员跨专业、跨领域学习，拓宽知识面和视野，增强统筹管理和决策支持能力。

2. 强调价值创造导向

智能会计的核心在于利用新技术、新模式为企业经营管理创造价值。因此，在设计晋升通道时，应当将会计人员参与业务决策、优化资源配置、防范经营风险等工作表现纳入考核范围。对于在业务创新、流程再造、系统开发等方面做出突出贡献的会计人员，应给予重点培养和优先晋升，充分调动其价值创造的积极性和主动性。与此同时，晋升机制还应体现“能上能下”的灵活性，对于不能适应智能化变革、创造价值能力欠缺的人员，要敢于调整其岗位，优胜劣汰，保持会计队伍的活力与竞争力。

3. 顾及团队协作导向

智能会计时代的价值创造往往需要跨部门、跨专业的团队协同。会计人员不仅要与本团队成员紧密配合，还需要与业务部门、IT 部门等建立良好的沟通机制。因此，在评价会计人员工作表现时，应当考查其团队意识、协调能力、沟通水平等，将此作为晋升的重要参考因素。同时，晋升机制还应鼓励会计团队内部的“传帮带”，充分发挥骨干人员在带教培养、经验传承等方面的引领作用，增强团队的向心力和凝聚力。

4. 体现长期发展导向

智能会计的变革是一个长期而复杂的过程，需要会计人员与组织共同成长。因此，在设计职业发展通道时，既要为优秀人才提供纵向晋升的空间，也要为其提供丰富的横向发展机会。企业可以通过轮岗交流、挂职锻炼、学习进修等多种方式，帮助会计人员拓宽能力边界、积累实践经验，实现职业生涯的可持续发展。同时，晋升机制还应与企业的长期发展战略相匹配，引导会计人员将个人职业理想与组织愿景紧密结合，为企业的转型升级贡献智慧和力量。

五、智能会计驱动的人才保留与流动管理

（一）人才保留策略

面对日益激烈的市场竞争和不断变化的业务环境，如何留住优秀的财务人才，充分发挥其专业优势，已成为企业领导者必须思考和解决的重大课题。从战略高度审视人才保留，制定科学、系统的人才保留策略，对于企业的可持续发展至关重要。

人才保留策略的制定需要立足企业发展战略，充分考虑财务团队的特点和需求。首先，要加强企业文化建设，营造尊重人才、关爱人才的良好氛围。优秀的财务人才往往具有较强的职业自豪感和归属感，渴望得到组织的认可和支持。企业应该通过多种形式，如表彰大会、座谈交流等，充分肯定财务人才的贡献，增强其对企业的认同感和忠诚度。

其次，要建立健全人才发展通道，为财务人才提供广阔的职业发展空间。在智能会计时代，对财务人才的专业能力和综合素质提出了更高要求，企业应积极搭建多元化的职业发展平台，为财务人才的能力提升和职业生涯规划提供支持。

再次，要完善薪酬福利体系，为财务人才提供具有市场竞争力的待遇。薪酬是吸引和保留人才的重要因素，企业应该建立科学合理的薪酬体系，体现岗位价值和个人贡献，同时兼顾内部公平性和外部竞争力。此外，全面的福利保障，如五险一金、带薪休假等，也是增强财务人才归属感的重要举措。

最后，人才保留策略的实施需要注重人文关怀，满足财务人才的个性化需求。在智能会计时代，财务人才面临着巨大的工作压力和挑战，企业应该通过多种方式，如员工帮助计划（EAP）、心理咨询等，为财务人才提供情感支持和压力疏导。同时，针对财务人才的家庭背景、兴趣爱好等，提供个性化的关怀和支持，如子女教育补贴、弹性工作制等，都能够有效增强财务人才对企业的黏性和忠诚度。

（二）人才流动性分析

在智能会计时代下，人才流动呈现出新的特点和趋势。一方面，智能技术

的应用大大提高了会计工作的效率和质量，减少了对人力资源的依赖，从而加剧了会计人才的竞争压力。那些不能适应新技术、新模式的传统会计人才面临被淘汰的风险。另一方面，智能会计为掌握复合型技能的高端人才创造了更广阔的发展空间。那些既精通会计专业知识，又掌握大数据分析、人工智能等前沿技术的复合型人才将在职场竞争中占据优势地位。

在这种背景下，企业必须高度重视人才流动性分析，及时洞察人才流动的新趋势，把握人才竞争的新动向。通过系统的人才流动性分析，企业可以准确识别关键人才，预判人才流失风险，并采取有针对性的措施加以应对。例如，企业可以通过优化薪酬福利体系、完善职业发展通道等方式，提高关键人才的忠诚度和稳定性。同时，企业还应加强人才培养力度，通过内部培训、在职教育等方式，帮助现有人才提升智能会计技能，适应新的工作要求。

此外，人才流动性分析还有助于企业优化人力资源配置，提高人力资源利用效率。通过对人才流动数据的深入挖掘和分析，企业可以准确把握不同岗位、不同层级的人才需求动态，科学制订人员招聘、调配计划。这不仅可以避免人才“断档”“错配”等问题，也能够最大限度地发挥每一位员工的专长和潜力，实现人尽其才、才尽其用。

（三）人才流动风险管理

人才流动风险管理是智能会计驱动的人才管理中一项关键而复杂的任务。在数字经济时代，企业面临的人才竞争日益激烈，优秀人才的流失可能会直接影响企业的核心竞争力。因此，企业必须高度重视人才流动风险，建立起系统、科学的管理机制，最大限度地留住关键人才，维护企业的可持续发展。

1. 风险识别

从风险识别的角度来看，人才流动风险管理的首要任务是准确把握人才流失的预警信号。这就要求企业人力资源部门密切关注员工的工作表现、情绪变化、人际关系等方面的动态，通过大数据分析、人工智能等技术手段，及时发现潜在的人才流失风险。例如，智能会计系统可以通过分析员工的考勤记录、绩效数据、社交网络等信息，识别出工作积极性下降、人际关系紧张等风险因素，为人力资源（HR）部门提供决策参考。

2. 风险评估

在风险评估方面，企业需要科学评判人才流失可能带来的影响和损失。这不仅要考虑员工个人的工作能力和贡献，还要综合分析其在团队协作、知识传承等方面的作用。智能会计系统可以帮助企业构建人才价值评估模型，量化每个岗位和员工的重要性，判断其流失对企业运营的潜在冲击。有了这些数据支撑，管理层就能更加精准地制定人才保留策略，将有限的资源投入最关键的人才身上。

3. 风险应对

面对人才流失威胁，企业需要制订有针对性的应对方案，采取切实有效的措施稳定人心、激发士气。智能会计系统可以为企业提供个性化的薪酬管理、绩效考核、职业发展规划等解决方案，帮助员工实现自我价值，增强其对企业的认同感和归属感。同时，企业还应注重人文关怀，营造良好的组织氛围，加强与员工的情感联结。只有员工感受到企业的尊重和呵护，才会更加忠诚地服务于企业，实现个人与组织的共同成长。

参考文献

[1] 周彦，丁小丽，郑云霞. 智能化视域下会计发展研究 [M]. 长春：吉林出版集团股份有限公司，2023.

[2] 丁艳琼，谭可心，涂霜霜. 人工智能时代管理会计的发展与探索 [M]. 北京：中国书籍出版社，2024.

[3] 温素彬. 会计智能化基础 [M]. 大连：东北财经大学出版社，2024.

[4] 许捷，邵爱英，苏丽娟. 数字化转型中企业会计智能化与创新策略研究 [M]. 北京：中国商业出版社，2023.

[5] 杨健. 智能会计核算 [M]. 上海：立信会计出版社，2023.

[6] 高志玥，王永莉，周春艳. 企业管理会计的智能化与创新研究 [M]. 延吉：延边大学出版社，2022.

[7] 陈建宇. 云会计与智能财务共享 [M]. 杭州：浙江工商大学出版社，2023.

[8] 金玉洲，刘宏伟，高一源. 智能化财务管理与会计理论实践 [M]. 北京：中国商业出版社，2021.

[9] 甄阜铭. 大数据与智能会计 [M]. 大连：东北财经大学出版社，2023.

[10] 杜永红. 智能审计 [M]. 重庆：重庆大学出版社，2023.

[11] 赵丽辉. 会计发展与改革探索 [M]. 延吉：延边大学出版社，2022.

[12] 王静静，代蕾，崔玉卫. 基础会计学 [M]. 南京：东南大学出版社，2022.

[13] 王继中. 会计报表与现代企业财务分析 [M]. 广州：广州中山大学出版社，2022.

[14] 张颖. 智能化成本核算与管理 [M]. 北京：北京理工大学出版社，2023.

[15] 陈玲，宋俊骥. 智能财税共享服务 [M]. 北京：北京理工大学出版社，2021.